Karl Theodor Stöpel

Über das japanische Bankwesen

Und Deutschlands Anteil am Welthandel und der Industrie Japans

Karl Theodor Stöpel

Über das japanische Bankwesen
Und Deutschlands Anteil am Welthandel und der Industrie Japans

ISBN/EAN: 9783743374645

Hergestellt in Europa, USA, Kanada, Australien, Japan

Cover: Foto ©ninafisch / pixelio.de

Manufactured and distributed by brebook publishing software (www.brebook.com)

Karl Theodor Stöpel

Über das japanische Bankwesen

Ueber

Japanisches Bankwesen

und

Deutschlands Antheil

am Welthandel und der Industrie Japans.

Von

K. T. Stöpel
z. Zt. in Tokio.

Halle a. S.
Richard Mühlmann's Verlagsbuchhandlung
(Max Grosse).
1898.

Inhalt.

	Seite
Das alte japanische Bankwesen von 1433—1868	7
Das japanische Bankwesen nach der Restauration bis zur Gegenwart und die Darlegungen, welche die Gründung einer Deutschen Ueberseebank nöthig erscheinen lassen im Interesse des Handels und der Industrie Deutschlands	11
Kawase Kwaisha	14
Nationalbanken	15
Adelsbank	16
Reformplan	17
Einwirkung der Shokin Ginko und Nippon Ginko (Japan. Reichsbank) auf die Nationalbanken	17
Privatbanken und Postsparkassen	19
Hypothekenbank	23
Gesammthandel Japans seit 1868 und Deutschlands Handel mit Japan	24
Bankverkehr Japans im Allgemeinen und Principien der jetzt bestehenden englischen Banken	26
Deutsche Bank Anfang der 70er Jahre, deren Auflösung und nicht wiedererfolgte Gründung Mitte der 80er Jahre	34
Veränderungen und Emporblühen des Handels und Bankverkehrs seit den letzten 25 Jahren	34
Antheil der deutschen Grossindustrie bei Gründung einer Deutschen Bank	42
Deutsche Handelscommission in Japan vom Juli bis October 1897	45
Rentabilität der europäischen Banken und der Antheil japanischer Firmen am internationalen Handel	46
Handelsflotte (Nippon Yusen Kaisha u. s. w.)	48
Goldwährung	49
Mark Valuta	51
Allgemeines über die zu errichtende Deutsche Bank u.s.w.	52
Anhang	59

Ueber japanisches Bankwesen und die event. Gründung einer Deutschen Ueberseebank.

Vortrag

gehalten in der „Deutschen Gesellschaft für Natur- und Völkerkunde Ost-Asiens" zu Yokohama am 24. November 1897.

Meine Herren!

In meinem angekündigten Vortrag über japanisches Bankwesen und die event. Gründung einer Deutschen Ueberseebank in Japan befinde ich mich in der angenehmen Lage, ein Thema gewählt zu haben, das für Sie alle, meine Herren, von grösstem Interesse sein dürfte, wie ich wohl auch voraussetzen und annehmen kann.

Wir stehen inmitten der Entwickelungsgeschichte eines Volkes, dem der Nationalökonom im Hinblick auf sein rasches, zielbewusstes Emporblühen Sympathie entgegenbringen muss. Die Bekanntschaft wirthschaftlicher und finanzieller Einrichtungen eines Landes ist die erste Grundbedingung für denjenigen, welcher wirthschaftliche Unternehmungen in Angriff nehmen und mit sicherem Erfolg durchführen will. Hier ist nicht der Ort, mich in allgemeine volkswirthschaftliche Betrachtungen und Erwägungen einzulassen. Ich hielt es daher für angezeigt, Untersuchungen dahin anzustellen, in wie weit deutsches Kapital hier im fernen Osten nutzbringend angelegt werden kann und vor allem zu zeigen, dass Deutschland im internationalen Wettbewerb der Völker nicht rasten darf, sondern dem modernen Japan, das bei der Weiterentwickelung seiner wirthschaftlichen Kräfte auf fremdes Kapital angewiesen ist, behülflich zu sein.

In der Geschichte des Bankwesens von Japan fand ich einiges Material in der „History of Banking in Japan", herausgegeben von Finanzdirector Soyeda Juichi, sowie in den Transactions of the Asiatic Society of Japan (siehe Privatrecht in Altjapan). Nicht unerwähnt möchte ich lassen, was uns Professor Dr. Karl Rathgen in Marburg in seinem vorzüglichen Werke über japanisches Bankwesen berichtet, ebenso weise ich auf einige Artikel hin, die in der japanischen Monatsschrift „The Far East" im Laufe dieses Jahres erschienen sind.

In früheren Jahren war ein wirkliches Banksystem in Japan vollständig unbekannt, was wohl der Unvollkommenheit, noch viel wahrscheinlicher der Bedeutungslosigkeit des japanischen Handels und vor allem der Industrie zuzuschreiben ist, von welch letzterer nur als Haus- und Handindustrie die Rede sein kann. Damals beschäftigte sich Japan lediglich mit militärischen Exercitien und der Landwirthschaft, die auch allein als die einzige Quelle des Nationalwohlstandes betrachtet wurde. Die „Samurai" (Ritter) allein waren in jenen Zeiten als die vornehmste Klasse des Volkes angesehen, die besondere gesetzliche Rechte und Privilegien genoss. Kaufleute, Künstler und Ingenieure nahmen ihnen gegenüber eine untergeordnete Stellung ein, ja ich möchte sagen, jene blickten mit Verachtung auf diese herab. Wie war es unter solchen Verhältnissen möglich, dass sich damals schon in Japan ein Bankwesen entwickeln konnte, wo die Regierung ihren Schutz versagte?

Nur wenig Protection liess sie den Geldverleihern von damals angedeihen. Der Zinsfuss war durch strenge Gesetzgebung festgelegt und der Schuldner war stets die begünstigte Partei. Nach einem bestimmten Zeitabschnitt musste sogar der Gläubiger auf seine Rechte an den Schuldner Verzicht leisten.

Die einzigen Geschäfte waren Pfand- und Leihgeschäfte, die in der Regel nur von Blinden betrieben werden durften. Unter dem alten Regime waren also unter Staatsgesetz gestellte Banken vollständig unbekannt, ebensowenig gab es Zettelbanken, wie wir sie schon in China vorfinden, wo diese schon längst eine wichtige Stellung im Verkehrsleben eingenommen hatten.

Das jetzt vorherrschende Banksystem, welches den europäischen Ländern nachgeahmt, ist jedoch den Japanern bei Beginn der Restauration nicht gänzlich neu gewesen. Ihre Vorfahren hatten eine besondere Art, Bankgeschäfte zu betreiben, in etwas einfacher und beschränkter Form. Dies war besonders der Fall zur Zeit des Tokugawa-Shogunats, während dessen der Friede über zwei Jahrhunderte dauerte.

Wenn wir in der Geschichte chronologisch zurückblicken, so finden wir eine Art Geldverleihgeschäft, der einfachsten Art des Bankwesens, z. B. im 15. Jahrhundert, etwa 1433, einen Erlass folgenden Inhalts:

1. Artikel von täglichem Gebrauche dürfen verpfändet werden und ist die Zeitdauer für Kleidungsstücke auf ein Jahr und für Waffen auf zwei Jahre festgesetzt.

2. Der Zinsfuss darf 50 % nicht übersteigen.

3. Diejenigen Personen, welche ein Geschäft ohne genügende Mittel betreiben, werden bestraft, und im Falle der Flucht die Bewohner des ganzen Districts haftbar gemacht.

Etwa 100 Jahre später, 1544, war das Maximum des Zinsfusses gegen Unterpfänder und Bürgschaft auf 20 % und ohne dieselben auf 30 % herabgesetzt und endlich im berühmten 100 Paragraphengesetz (japanisch „hyakkajo") von 1741 war dem Gläubiger erlaubt, verpfändete Güter, nachdem acht Monate verstrichen, wieder zu verkaufen. Wenn uns auch diese Bestimmungen etwas lächerlich vorkommen, so bilden sie doch den Ursprung des japanischen Bankwesens, das sich bis zum heutigen System ausgebildet hat.

Zunächst den Leihgeschäften möchte ich auch die sogenannten Wuchergesetze damaliger Zeit einer näheren Betrachtung unterziehen. Der Erlass dieser Gesetze ist zweifellos sehr alt, aber ihre Anwendung zu einer mehr bestimmten und systematischen Geschäftsform ist verhältnissmässig neu. Im Jahre 1744 war die Zahl der sogenannten „Fudasashis"[1] auf 109 festgesetzt und die Zinsrate, welche sie beanspruchen konnten, auf mindestens 15%.

Demnach waren „Fudasashis" ursprünglich nichts weiter als Inhaber von Warteplätzen gegenüber den Regierungslagerhäusern, woselbst die Vasallen der Feudalzeit ihren Gehalt bezogen, der ihnen gewöhnlich in Reis ausbezahlt wurde. Da die Auszahlungen etwas lange dauerten, verhandelten die Vasallen ihre Empfangsrechte an jene. Nach und nach wurden diese Rechte discontirt, das heisst, die Fudasashis kauften die Rechte zu einem Discont auf und erhielten Zahlung bei der Verfallzeit von jenen Waarenhäusern. Im Verlauf der Zeit wurde dies Geschäft sehr lucrativ und vorgenannte Kaste wurde sehr reich. Ja, letztere ging gar so weit und lieh den Vasallen Geld gegen Unterpfand oder sich selbst gegenseitig. Der damalige Schatzsecretär gab ihr besondere Erlaubniss, Regierungsgeld mit 5% Zinsen zu leihen auf einer Unterlage, die 2½ mal so viel werth war, als das Anlehen betrug.

Gegen Ende des Tokugawa-Shogunats entwickelte sich das Geschäft immer mehr zu einem Banksystem, das schliesslich unter den Feudalvasallen zur Nothwendigkeit geworden war. Das Maximum des von der Regierung festgesetzten Zinsfusses schwankte zwischen 10 und 15% je nach den Bedürfnissen damaliger Zeit. Dies Geschäft dauerte sogar bis 1873 nach

---

1) Fudasashis heisst: Billetkäufer, d. h. die Billets der Beamten, welche auf so und so viel Kohu Reis lauteten, in Geld umzuwechseln, siehe: As. Soc. Vol. 20 Supplement Fol. 188, 189, 191, 192, 193, 145, 154.
„ „ „ „ 20 „ 8. „ 167, 172, 317, 318.

der Einführung des neuen Regimes, zu welcher Zeit schon die Gehälter der Beamten in Courantgeld bezahlt wurden.

Ich glaube, meine Herren, in Vorstehendem Ihnen eine ungefähre Idee des alten japanischen Banksystems gegeben und mithin den Beweis geführt zu haben, dass sowohl die Fudasashis wie ihre Kunden wesentlich zur Entwickelung des jetzigen japanischen Bank- und Creditsystems beigetragen haben.

Den Anfang des wirklichen Bankgeschäftes finden wir zuerst in Osaka, erster Handelsstadt Japans mit etwa 800,000 Einwohnern. Diese Stadt ist sowohl durch seine bevorzugte geographische Lage, als auch durch die Befähigung seiner Bewohner stets der Mittelpunkt des Handels gewesen. Unter den Bankplätzen Japans hatte Osaka stets die tonangebendste Rolle geführt, besonders unter Geldverleihern und in Wechselgeschäften. Hier wurden die verschiedenen Branchen des Bankgeschäftes in verhältnissmässig verständiger Weise geleitet und war besonders das Wechselgeschäft[1] Ende des 17. Jahrhunderts hoch entwickelt. Die damalige Regierung unterstützte die Kaufleute. Zur Controlle des Handels, und um den Credit Japans zu steigern, erliess der Generalzollinspector Ishimaru Vorschriften bezüglich errichteter Häuser für den Grosshandel, besonders aber für die damalige Goldbörse.

Die Zahl der Geldwechsler war anfänglich zu einer Gilde von 10 vereinigt, denen man auch erlaubte, Bankgeschäfte zu betreiben. Nebenbei gab es noch etwa 22 kleinere Gilden mit weniger Kapital, die ebenfalls Bank- und Wechselgeschäfte machen durften. Unter denselben circulirten etwa 7 verschiedene Arten von damals üblichen Transactionen, wie folgt:

    1. Uebermachungs-Rimesse eines Kapitalisten auf einen anderen.

---

1) Man sagt, der Erfinder der ersten japanischen Handelstratten sei ein Osakakaufmann Namens Tcüojé Gorobei gewesen.

2. **Depotscheine**, ausgefertigt den Depositoren durch die Banquiers.
3. **Wechsel**, gezogen von den Kunden auf ihre Bankfirma oder von Bankfirmen unter einander.
4. **Collectivwechsel und Solawechsel** mit gegenseitigem Einverständniss nur unter Banken im Verkehr.
5. **Ausgleichswechsel**, gezogen von grossen Firmen am Fälligkeitstermine.
6. **Schlussscheine**, welche seitens eines Käufers von Waaren dem Verkäufer auf ein Bankhaus ausgestellt wurden.
7. **Vorschusstratten** auf vorpfändete Waaren.

Bei der Zunahme des Handels in Osaka dehnte sich auch das Wechselgeschäft in angeführten Formen immer mehr aus. Kaufleute von auswärts machten von dieser angenehmen Einrichtung der Wechsel Gebrauch, wo durch die weitere Circulation derselben der Geldmarkt Osakas zum aufblühendsten des Landes wurde.

Dieser Erfolg ist hauptsächlich zwei Gründen zuzuschreiben, dem Schutze der Regierung und der gegenseitigen Hilfe.

Die Prozesse in Banksachen betrachtete man als besondere Fälle, sie unterstanden eben nicht der üblichen Gerichtsbarkeit; wurden vielmehr Klagen eingereicht, so schritt man zu sofortigem Schiedsspruche. Waren die Fehler auf Seiten der Bankgeschäfte, so trat je nach der Lage des Falles harte Strafe ein, die damals in Gefängnissstrafe oder im Anlegen von Handschellen bestand. Dies war jedoch äusserst selten der Fall, da die Wechselgeschäfte im Falle der Not sich gegenseitig aushalfen. Im Falle ein kleines Haus einen Wechsel über seine Mittel in Umlauf setzte, mithin nicht einlösen konnte, so wurde derselbe weiter indossirt, bis er die grösste Gilde erreichte, die ihn auch einlöste. Auf diese Weise konnten sich die japanischen Banken, beziehungsweise das ganze Bank- und Creditsystem schnell entwickeln.

Erstere waren eben schon da, bevor die ersten europäischen Banken errichtet wurden. Es ist hieraus, meine Herren, der Schluss zu ziehen, dass die japanischen Banken sich aus sich selbst heraus entwickelten, und sie sich bezüglich des Verkehrs mit den Ausländern nur die Bankmethoden letzterer aneigneten und so nach und nach das bessere europäische Banksystem acceptirten.

Ich gehe nun, meine Herren, zur grossen Epoche in der japanischen Geschichte zur Zeit der Meiji-Restauration vom Jahre 1868 über, die auch in der Geschichte des japanischen Bankwesens von der allergrössten Bedeutung war. Ich meine jene grosse Zeit für Japan, in der die jetzige japanische Dynastie, die älteste Japans, deren Stammbaum bis in die graue Vorzeit zurückreichen soll, wieder eingesetzt wurde.

Die Mitsui-Bank, die älteste japanische Privatbank, aus der Mitsuiwechslerbank hervorgegangen, leistete zu jener Zeit dem auch noch heute regierenden Kaiser „Mutsushito" unschätzbare Dienste, wurde doch der erste Theilhaber der Firma, Baron Hachirogemon Mitsui hierfür in den Adelstand erhoben, und so erfreut sich auch heute noch die Mitsui-Bank eines ausgezeichneten Wohlwollens der Regierung.

In jenen unruhigen Zeiten der Umwälzung wurden der Credit und die Finanzen des Reiches schwer geschädigt. Die Macht der Samurai (d. i. Ritter), die immer noch auf die anderen Klassen, worunter vor allem die Händler, mit Verachtung herabblickten, war gebrochen. Japan fing an zu begreifen, dass nicht die Landwirthschaft allein die Quelle des Nationalwohlstandes bildet, sondern dass auch die Entwickelung des Handels und der Industrie letzteren vermehren helfen. So griff die Regierung zur richtigen Zeit ein, errichtete im

Ministerium eine Handelsabtheilung, der auch das Bankwesen unterstellt war.

Besonders veranlasst war dieselbe durch die allerorts leeren Kassen und durch den geschädigten Credit des Landes, der durch die Ausgabe von Papiergeld hervorgerufen war. Das Münzwesen war in arger Verwirrung. Ein grosser Theil der Banquiers in Osaka gab sein Bankgeschäft auf, oder schränkte dasselbe doch wesentlich ein; Geschäfte wurden überhaupt nur noch gegen baar abgeschlossen. Um über die allgemeine Krisis hinwegzukommen, wurde von der Regierung die Kawase Kwaisha (Wechselgesellschaft) ins Leben gerufen und zwar in Tokio, Yokohama, Osaka, Kobe, Kioto, Otsu, Tsuruga und Niigata. Als Hilfszuschuss erhielt sie Regierungspapiergeld, ebenso erlaubte man ihr die Ausgabe von Gold-, Silber-, Dollar- und Münz-Certificaten; die Wechselgesellschaft eröffnete ihr Geschäft in den Jahren 1869 und 1870. Die Bank kostete dem Staate eine Menge Geld, die Hoffnungen, die letzterer in sie setzte, gingen nicht in Erfüllung und nach zwei bis drei Jahren hatte sie mit Hinterlassung einer Menge Schulden, die der Staat zu zahlen hatte, ausgewirthschaftet.

Mit Recht wurde diese erste Periode 1869—1873 in der japanischen Bankgeschichte „the dark age" genannt; es schien der ökonomische Horizont sich nicht aufklären zu wollen. Der von der Tokioer Handelskammer im Jahre 1871 vorgebrachte Plan zur Errichtung einer Bank wurde von der Regierung wieder verworfen, bis man schliesslich auf die inzwischen etwas bekannter gewordenen Bankeinrichtungen der Fremden verfiel.

Marquis Ito gebührt in dieser Beziehung grosses Verdienst. Er war damals Viceminister der Finanzen und reiste im Jahre 1870 nach Nordamerika, um dort das Nationalbanksystem zu studieren, dessen leitender Grundsatz weitestgehende Decentralisation des Bankwesens und auch der

Notenausgabe war, aber mit Einführung gleichmässiger Normen, bestimmter Deckungsvorschriften und einer scharfen staatlichen Controle. Nach einer heftigen Discussion wurde im Jahre 1872 von den damaligen Leitern des Finanzwesens Inouye und Shibusawa das erste Nationalbankgesetz erlassen. Hiernach waren die Functionen der zu errichtenden Nationalbanken dieselben, wie bei den Bankgeschäften zuvor, nur erhielten sie noch das Privilegium, ihre Noten für eigene Rechnung herauszugeben aber immer noch unter Controle des Finanzministeriums, zu welchem Zwecke in demselben ein Bankbureau errichtet wurde. In den folgenden Jahren wurden vier Nationalbanken in das Leben gerufen, die erste und dritte in Tokio, die zweite in Yokohama und die vierte in Niigata. Die Regierung bestellte bei der Continental Bank Note Co. in New York etwa für 15 Millionen Yen Banknoten, die den neuen Banken gegen Hinterlegung des gleichen Betrages beim Schatzamt in sogenannten Regierungsbonds zur Verfügung gestellt wurden.

Die Noten dieser Banken vermochten gegenüber dem Staatspapiergeld nicht in den Verkehr einzudringen und, als im Winter 1874/75 eine neue Creditkrisis ausbrach, veranlasst durch den Zusammenbruch der beiden grossen Bankfirmen Ono und Shimada, fasste der neue Leiter des Finanzministeriums, Graf Okuma, den Entschluss die Nationalbanken zu vermehren, um sich zunächst aus der neuen Klemme herauszuziehen. Er unternahm es, die Gesetze betreffs der Nationalbanken am 5. August 1876 wie folgt zu erweitern:

Banknoten hatten gesetzliche Gültigkeit mit Ausnahme für die Zahlung von Zöllen und Zinsen auf Anleihen; die Banknoten konnten in wirkliches Papiergeld (d. h. von der Regierung selbst ausgegebene Banknoten) umgetauscht werden, anstatt in Goldgeld, und die neu herausgegebenen Pensionsbonds[1] sollten als die Grundlage dieser Banknoten gelten. Die Banken sollten ihre Hinterlagen im Schatzamt von 60 auf 80 % ihres Kapitals erhöhen, wozu irgend ein Bondpapier benutzt werden konnte, so lange es 4 % Zinsen trug. Eine Goldreserve von 40 % des Kapitals sollte umgetauscht werden gegen eine Papiergeldreserve von 20 % desselben.

Einige Leute kritisirten diese Reform als eine Uebernahme des amerikanischen Systems, aber sei dem wie ihm wolle, die Reform bestimmte die Eigenthümer der Bonds, Antheilseigner der Nationalbanken zu werden, und verhinderte ebenfalls in gewissem Maasse den Preissturz der Bonds.

In Folge dessen vergrösserte sich die Organisation der Nationalbanken derart, dass während $2^1/_2$ Jahren nach der Okuma'schen Reform die Nationalbanken sich auf 154 mit einem Kapital von 38,851,150 Yen vermehrten.

Die Zahl würde noch grösser gewesen sein, wenn nicht eine andere Erweiterung December 1877 den Finanzminister ermächtigt hätte, die Zahl der Nationalbanken und den Betrag der Banknoten (40,000,000 Yen) je nach Anzahl der Bevölkerung und der von letzterer in den betreffenden Districten bezahlten Taxen zu beschränken. Es ist zweifellos, dass die Nationalbanken wesentlich zur weiteren Entwikelung des japanischen Bankwesens beitrugen und vor Allem den allgemeinen Credit hoben und das Wachsthum des Handels beförderten. Besonders während des Bürgerkrieges im Jahre 1877 versah die fünfzehnte Nationalbank, auch Adelsbank genannt, die Regierung mit den nöthigen Geldmitteln, hauptsächlich verausgabt zu militärischen Zwecken; man borgte der Regierung gegen 5 % auf 20 Jahre etwa 15 Millionen Yen. Natürlich

---

1) 1876 wurden die Rechte der Grossgrundbesitzer, beziehungsweise Feudalen durch die Ausgabe dieser Pensionsbonds im Betrage von 173,902,900 Yen abgelöst.

musste die Regierung hierfür seinem Gläubiger besondere Privilegien einräumen, so war der Bank erlaubt, ihren Reservefonds von 20 auf 5 % herabzusetzen und Noten bis 93 % anstatt 80 % ihres eigenen Kapitals zu verausgaben. Glücklicherweise war der Aufstand schon nach neun Monaten unterdrückt. In Folge des Krieges wurden die Noten vermehrt und dadurch immer mehr entwerthet, und die Preise für alle Waaren und Lebensmittel stiegen. Während in den Jahren von 1877—1881 der Handel ziemlich lebhaft war, hatte das Land im Allgemeinen doch mehr Schaden als Nutzen davon getragen. Die Zukunft der Nationalbanken war schon wieder einmal gefährdet, so dass man sich wieder nach einem neuen Finanzministerium umsah. Der Retter in der Noth war Graf Matsukata, der jetzt zum Finanzminister ernannt wurde. Derselbe begann sofort eine strenge Bankpolitik, um eine gesunde Finanzpolitik herbeizuführen; es handelte sich damals um nicht weniger als 155,000,000 Yen in minderwerthigen und uneinlösbaren Banknoten, ferner um unsichere Staatseinkünfte und immer grösser werdende Staatsausgaben. Trotzdem ging er energisch daran den Umtausch des Papiergeldes in klingende Münze zu bewerkstelligen, was er durch Ueberschuss der Staatseinkünfte und Erhöhung der Steuern bewirkte. Obwohl er mit einer starken Opposition zu kämpfen hatte, verharrte er auf seinem Reformplan, welcher mit Erfolg gekrönt wurde, wovon auch die Yokohama Specie Bank (Shokin Ginko), auf die wir später eingehen werden, profitirte. So vermehrte sich der Reservefonds dieser Bank von 1881—1885 von 13,640,000 Yen auf 26,466,000 Yen, also beinahe um das Doppelte.

Was die allgemeine Entwickelung der Nationalbanken bis zum heutigen Tage anbelangt, so hat sich die Zahl derselben bis auf 68 vermindert, bewirkt durch den Einfluss der im Jahre 1883 gegründeten Nippon Ginko (Japanische Reichsbank) und der oben erwähnten Yokohama Specie Bank. Die Errichtung der Nippon Ginko beschleunigte die Einlösung der nicht umwechselbaren Noten der Nationalbanken, da die erstere ihre eigenen einlösbaren Banknoten ausgegeben hatte, ausserdem stellte sich die Nothwendigkeit heraus, die uneinlösbaren Banknoten der Regierung in Silber einzulösen; dies Geschäft wurde der Nippon Ginko übertragen. Um die Währung in gesunde Bahnen zu lenken, gab die Regierung eine öffentliche Staatsanleihe aus, und es wurde schliesslich 1885 das Agio zwischen Papiergeld und Silber abgeschafft. Da die Nationalbanken jetzt ihrer Vorrechte bezüglich Ausgabe von Banknoten enthoben waren, begann eine blühende Zeit für die Privatbanken, deren Anzahl sich schnell vermehrte. Alle diese Aenderungen führten die Nothwendigkeit eines Clearinghouse (Ausgleichstelle) herbei: so wurde das grösste Bureau dieser Art 1879 in Osaka errichtet, dem ein zweites 1880 in Tokio folgte.

Da Osaka der Mittelpunkt des Handels war, wurde den dort ausgestellten Wechseln der Vorzug vor Tokio gegeben, und die Centralkasse in Osaka wurde auch für die Einlösung von Wechseln auf andere Plätze benutzt. So vergrösserte die Entwickelung der Privatbanken das Geschäft der Bank von Japan derart, dass eine Nebenstelle dieser Bank in Osaka errichtet wurde, welcher noch mehrere andere folgten.

Im Jahre 1879 betrug die Zahl der Nationalbanken[1] noch 153, wich bis 1887 auf 136 zurück, obwohl das Kapital im gleichen Zeitraum um 5 Millionen zugenommen hatte und zwar von 40,616,063 Yen auf 45,838,851 Yen gestiegen war. Diese Banken nehmen von Jahr zu Jahr ab, so dass ihre heutige Zahl auf 63 mit einem Kapital von nur 13,325,000 Yen zusammengeschmolzen ist. Die Concessionen der Nationalbanken laufen nur noch bis zum Jahre 1899, von wo sie auf

---

1) Vergl. die Tabellen S. 61 u. ff., 74 u. ff.

ihre eigenen Hilfsquellen angewiesen sein werden. Solche die über einen Reservefonds zu verfügen haben, werden als Privatbanken weiterbestehen.

Nun gehe ich auf die Banken, wie sie heute bestehen, über. Ende October 1897 gab es:

1523 Banken mit circa 305,000,000 Yen Kapital, diese Banken haben sich innerhalb eines Monates um 12 vermindert, jedoch das Kapital um circa 2,000,000 Yen vermehrt.

Nach der amtlichen Statistik setzen sich die Banken wie folgt zusammen:

1.	Nippon Ginko	Kapital	30,000,000 Yen
2.	Yokohama Specie Bank . . .	„	12,000,000 „
3.	Industriebank	„	10,000,000 „
4.	63 Nationalbanken . .	„	13,325,000 „
5.	215 Sparkassen	„	19,190,000 „
6.	1069 Actienbanken (share stock)	„	205,173,120 „
7.	29 „ (point name)	„	6,023,900 „
8.	72 Gesellschaftsbanken (point stock)	„	4,704,020 „
9.	72 Privatbanken m. einem Inhaber	„	4,704,020 „
		Kapital	305,020,060 Yen.

Ausser diesen Banken giebt es noch eine Menge von Postsparkassen, deren Zahl sich Ende des vorigen Jahres auf 3030 belief, mit einem Kapital von 28,965,427 Yen.

Von diesen Banken will ich nun zunächst als die wichtigste die Nippon Ginko (Japanische Reichsbank[2]) behandeln. Sie wurde im Jahre 1882 gegründet und ist eine Actiengesellschaft mit dem alleinigen Rechte der Notenausgabe[1], ausserdem besitzt sie das Recht ein allgemeines Bankgeschäft zu betreiben. Auf die Umstände, welche die Organisation der Nippon Ginko nothwendig erscheinen liessen, bin ich schon

---

1) Diese Noten konnten jederzeit in ihrem Nennwerthe in Silber umgetauscht werden.
2) Vergl. die Tabellen S. 66 u. ff., 82 u. ff.

früher eingegangen. Der erste Präsident der Bank wurde Herr Yoshiwara, der Vice-Finanzminister. Es wurden Actien ausgegeben und das Kapital auf 10 Mill. Yen festgesetzt, wovon die Hälfte seitens der Regierung gezeichnet wurde. Die Concession wurde zunächst auf 30 Jahre bemessen. Die Bank steht naturgemäss unter Controle der Regierung. Laut Gesetz war es der Bank untersagt, Gelder auf Actien oder Grundbesitz vorzustrecken, weder ihre eigenen Actien noch Industrieactien zu kaufen, Grundbesitz zu erwerben, welcher nicht für den eigenen Bedarf der Bank war, Wechsel zu discontiren, welche nicht mindestens die Unterschriften von zwei vertrauenswürdigen Personen trugen, gegen Unterpfand mehr als $4/5$ des Werthes des betr. Gegenstandes als Darlehen zu geben u. s. w. Ferner bestimmte das Gesetz bezüglich Vertheilung der Gewinne das Folgende:

8% (später 6%) Abschreibung auf die in den Händen des Publicums befindlichen Actien,

$1/10$ des Restes musste dem Reservefonds zugeschrieben werden,

$1/10$ des dann übrig bleibenden Restes als Bonus an die Directoren und andere Mitglieder der Bank.

Ausserdem sollten der Präsident und der Vicepräsident von der Regierung ernannt werden, die Directoren sollten aus den von den Actionären in zweifacher Anzahl gewählten Wahlmännern heraus bestimmt werden, und jeder Schritt der Bank, sei es Vergrösserung des Geschäfts, oder eine Veränderung der Statuten, unterlag der Genehmigung der Regierung.

Durch die Eröffnung dieser Centralbank, wie es die Nippon Ginko im wahren Sinne des Worts war, wurden die Nationalbanken, welche den japanischen Geldmarkt bis 1882 beherrscht hatten, einer gründlichen Umgestaltung unterworfen. Durch die Revision des Nationalbanken-Gesetzes von

1883 wurde die Concession der Nationalbanken als solche auf 20 Jahre festgesetzt, welcher Zeitraum von dem Tage ab, an dem die Nationalbanken ihren Titel als solche geführt, gerechnet wurde. Die von den Nationalbanken in Umlauf befindlichen Banknoten mussten in dem Zwischenraum bis zum Ablaufe ihrer Concession eingelöst werden, mit andern Worten, bestimmte das Gesetz das Schicksal der Nationalbanken, deren Existenzberechtigung in absehbarer Zeit der Vergangenheit angehören sollte. Man kann daher die obenerwähnte Revision des Bankgesetzes mit der letzten Restauration vergleichen, welche das jetzige Regierungssytem auf den Gräbern der alten feudalen Ordnungen aufrichtete.

Wir gehen jetzt zur **Specie Bank**[1] **Shokin Ginko** (d. i. Hartgeld-Bank) über, deren Verhältnisse, wie schon im Anfange meiner Rede angedeutet, durch die Reformen des neuen Finanzministers einer Gesundung entgegengeführt worden waren. Zunächst gehe ich kurz auf die Geschichte der Gründung dieser Bank ein. Der Ursprung der Shokin Ginko datirt vom Jahre 1879. Die japanischen Bestrebungen gingen um diese Zeit dahin, directe auswärtige Handelsbeziehungen anzuknüpfen. Die Shokin Ginko war die erste Bank, welche mit dem Auslande in Verkehr trat. Sie wurde mit einem Kapital von 3 Mill. Yen gegründet und zwar sollten diese 3 Mill. anfänglich in Silber aufgebracht werden, wovon die Regierung 1 Million, die übrigen Actionäre aus dem Publicum 2 Millionen beisteuern sollten. Es gelang unter dem Publicum jedoch nur 400,000 Yen in Silber zusammenzubringen, woraufhin die Regierung, um das Unternehmen nicht scheitern zu lassen gestattete, 1,600,000 Yen in Papiergeld aufzubringen. Mit diesen 1,600,000 Yen wurden Kinsatsa-Scheine[1] gekauft und auf dieses Unterpfand lieh das Ministerium Silber.

---

1) Vergl. Tabellen S. 63 u. ff., 87 u. ff.

Die Shokin Ginko war, da die fremden Kaufleute wegen der ewig schwankenden Agiotage natürlich kein Zutrauen zu ihr hatten, darauf angewiesen, mit den einheimischen Gesellschaften für den directen Export zu arbeiten. Die Producenten im Lande erhielten Vorschüsse in Papiergeld auf Seide und verpflichteten sich dagegen, nur durch Vermittelung der einheimischen Gesellschaften zu exportiren. Zu dieser Zeit schien das Geschäft der Bank zu blühen, umsomehr sich auch die Regierung ihrer beim Einkauf von Edelmetall im Auslande bediente. Die Actien stiegen einmal auf 133%, leider dauerte die Freude nicht lange, denn schon im April 1882 war die Bank in Schwierigkeiten wegen Einziehung ihrer Vorschüsse, und gegen Ende des Jahres stellten sich ernste Bedrängnisse ein. Die näheren Umstände dieser Nothlage sind nie in die Oeffentlichkeit gedrungen. Genug, die Regierung musste wieder einmal beispringen, um die Bank zu halten; dieses geschah in folgender Weise:

Die Regierung gab im April 1883 die Einwilligung zu dem Plane, die Grundlage des Actienkapitals von Silber in Papier umzuwandeln, indem man das im Besitze der Bank befindliche Silber verkaufte. Dadurch würde die Hälfte des Verlustes gedeckt worden sein, denn Silber stand auf 30% Agio gegen Papiergeld. Auf dringende Vorstellungen der Bank kaufte die Regierung das Silber zu einem Kurse von 38% der Papiergeld- und Bondswerthe auf. Mit der auf diese Weise realisirten Summe deckte die Bank unsichere Forderungen im Betrage von **740,000 Yen** und ebenso die Silberreserve im Betrage von **137,250 Yen**. Durch diese Manipulationen wurden die Verhältnisse der Bank gebessert. Seitdem hat die Shokin

---

1) Die Kinsatsa-Scheine sind zur Convertirung von Papiergeld ausgegeben, in Metall mit 6% verzinslich und rückzahlbar, die älteren in Gold, die späteren in Silber.

Ginko sich fast stets in einem Aufschwunge befunden. Um die für das überseeische Geschäft nothwendigen Vorbedingungen kennen zu lernen, wurde im Jahre 1880 eine Commission nach London und New York gesandt und erlangte man dann später die Einwilligung, nach und nach Agenturen in London, New York, San Francisco, Shanghai und anderen grossen Plätzen zu errichten. Im Jahre 1884 stellte sich die Nothwendigkeit heraus, die Agentur in London zu vergrössern und nach und nach ging eine zufriedenstellende Vergrösserung und Erweiterung der Bank in jeglicher Beziehung vor sich. Dass die Specie Bank heute bereits einen sehr grossen Theil des internationalen Bankverkehrs besorgt, werden wir weiterhin sehen.

Die Regierung hatte vor 20 Jahren den Plan, eine Hypothekenbank zu gründen, aber dieses Project scheiterte an der damaligen Unsicherheit in den Währungsverhältnissen, und erst am 14. März dieses Jahres konnte dem Oberhause eine bezügliche Vorlage unterbreitet werden, welche im folgenden Monate mit einigen Aenderungen angenommen wurde. Die Gründung einer Hypothekenbank konnte somit in Angriff genommen werden, und erfolgte thatsächlich im August dieses Jahres.

Die Frage, ob der Zeitpunkt zur Gründung einer deutschen Ueberseebank, auf die ich später zurückkomme, zur Förderung unserer deutschen Handelsinteressen gegeben ist, muss man nach genauer Prüfung der heutigen Verhältnisse bejahen. Der Handel Japans seit dem Jahre 1868 hat sowohl in Bezug auf Einfuhr als auch auf Ausfuhr einen nie geahnten Aufschwung genommen. Folgende Zahlen dienen als Hauptgradmesser, in Silberyen ausgedrückt:

	Einfuhr	Ausfuhr	Gesammt- handel	Werth des Yen in Mark
		Millionen Yen		ausgedrückt
1868	15	20,4	35,5	
1869	17,4	11,5	28,9	
1870	31,1	15,1	46,2	
1871	17,7	19,2	36,9	
1872	26,2	24,3	50,5	
1873	27,4	20,7	48,1	
1874	24,2	20,2	44,2	
1875	28,2	17,9	46,1	
1876	24	27,6	51,6	
1877	25,9	22,9	48,8	
1878	33,3	26,3	59,6	
1879	36,9	28,7	65,6	
1880	41,1	29,4	70,5	
1881	35,3	33	68,3	
1882	32,7	37,7	70,4	
1883	32	36,7	68,7	
1884	32,1	33,1	65,2	
1885	32,7	36,1	. 68,8	
1886	37,6	48	85,6	3,30
1887	51,7	51,5	103,2	3,20
1888	65,4	64,9	129,3	3,10
1889	66	69,3	135,3	3,12
1890	81,7	55,8	137,5	3,41
1891	62,9	78,7	141,6	3,35
1892	71,3	91,1	162,4	2,93
1893	88,3	89,7	178	2,58
1894	117,5	113,2	230,7	2,20
1895	129,3	136,1	265,4	2,13
1896	171,7	117,8	289,5	2,10
1897	175,9	129,3	305,2 bis 31. Oct. 1897	

Der Gesammthandel Japans, der im Jahre 1886 85,600,000 Yen betragen hatte, hat also bis Ende 1896 um nahezu **204 Millionen Yen** zugenommen, wobei allerdings die Entwerthung des Silberyen um etwa ℳ **1,20** zu berücksichtigen ist.

Im Jahre 1897 wird der Ueberschuss der Importen über die Exporten ca 50 Mill. Yen betragen; an Silber und Gold wurden **71,577,536** Yen eingeführt. Deutschlands Handel mit Japan betrug im Jahre 1896 **20,157,000** Yen, also eine Zunahme gegen das Vorjahr von **5,000,000** Yen. Aus dieser Zunahme entfielen beinahe 3 Mill. Yen auf die Ausfuhr Deutschlands nach Japan, hiernach nimmt Deutschland die vierte Stelle der importirenden Nationen ein.

Der Antheil der verschiedenen in Betracht kommenden Nationen im Schiffsverkehr Japans betrug, wie folgt

England	160,000,000	Yen
Deutschland	38,000,000	"
Japan	33,000,000	"
Frankreich	26,000,000	"
Amerika	12,500,000	"
Norwegen	6,500,000	"

Wenn wir den Antheil Deutschlands und der deutschen Schweiz an dem Gesammthandel Japans in Berücksichtigung ziehen, so ist derselbe ziffermässig nur in politischer Hinsicht nachzuweisen. Den Antheil der in Japan etablirten Deutschen und Deutschschweizer am Handel Japans können wir jedoch nicht genau feststellen; es ist ausser allem Zweifel, dass das deutsche Element in Yokohama, wie die deutschen Firmen in Kobe-Hiogo einen sehr grossen Antheil am Welthandel haben. Namentlich in Hiogo, wo die Anzahl der deutschen Handelshäuser eine verhältnissmässig grosse und sich stetig vermehrende ist, haben die Deutschen einen hervorragenden Antheil am Gesammtgeschäft. Wir lassen eine Liste[1] der in den Hauptvertragshäfen Japans ansässigen Deutschen und Deutschschweizer folgen. Hierbei ist hervorzuheben, dass das überseeische Geschäft Tokios hauptsächlich in Yokohama, das von Osaka in Hiogo liegt.

---

1) Siehe S. 57, 58.

Nagasaki hat seine Wichtigkeit als Handelsplatz seit dem Aufblühen von Hiogo erheblich eingebüsst und wird jetzt hauptsächlich als Anlaufehafen für Seeschiffe benutzt.[1] Hakodate ist Anlageplatz japanischer Dampfer, Moji Ausschiffungshafen für Kohlen. Niigata, welches vor 25—30 Jahren einige Bedeutung hatte, hat seitdem seinen Ruf als internationaler Handelsplatz gänzlich verloren.

Folgende Banken besorgen den Geldverkehr Japans im internationalen Verkehr:

1. **Europäische, beziehungsweise englische Banken.**
   I. Hongkong and Shanghai Banking Corporation[2]
   eingezahltes Kapital $ 10,000,000
   Reservefonds „ 7,000,000
   Haftbarkeitsreserve „ 10,000,000
   Yokohama, Hiogo und Nagasaki.
   II. Chartered Bank of India, Australia und China[3]
   eingezahltes Kapital £ 800,000
   Haftbarkeitsreserve „ 800,000
   Reservefonds „ 375,000
   Yokohama, Hiogo und Nagasaki.
   III. National Bank of China (unbedeutend), Agentur in Yokohama, in Hiogo vertreten durch: Frazar & Co.
   IV. Bank of China and Straits Limited, Agentur Jardin, Mathewsen & Co., Yokohama F. Wilkin.
   V. Die Chinesisch-Russische Bank, Agentur Brown & Co.

2. **Japanische Banken.**
   I. Yokohama Specie Bank (Shokin Ginko)
   Kapital $ 12,000,000
   eingezahltes „ „ 7,500,000
   Reservefonds „ 6,360,000

---

1) Bei Eröffnung der Russisch-Sibirischen Bahn erwartet man ein Wiederaufblühen des Handels von Nagasaki.
2) Siehe S. 91 u. ff.   3) Siehe S. 95 u. ff.

Hauptsitz Tokio, Bankstellen in Tokio, Yokohama, Hiogo, Nagasaki, den Hauptplätzen Japans und des ganzen Ostasiens, San Francisco und London, Vertretungen an allen Hauptplätzen Europas, Amerikas und Australiens.

Im inländischen Verkehr Japans sind zu erwähnen:

I. Yokohama Specie Bank, siehe oben und Anhang.

II. Mitsui Ginko[1] (Familie Mitsui gehörig, die hierfür solidarisch haftbar ist)

  eingezahltes Kapital $ 2,000,000
  Reservefonds   „ 2,578,945
  Depositen   „ 25,500,000.

III. Nationalbanken, welche im ganzen Lande zerstreut sind.

IV. Verschiedene andere japanische Privatbanken, davon die bedeutendsten:

 a) Mutsu Cishi Goshi Kwaisha (Iwasaki Bank) in Tokio, Osaka, Kobe. Diese Firma verfügt über ein Kapital von 5 Millionen Yen mit einem Reservefonds von 1,322,881 Yen. Sie betreibt ausser allgemeinen Handelsgeschäften eine Bankabtheilung, die mit etwa 1 Million Yen fundirt ist.

 b) Sumitomo Bank, Tokio, Yokohama, Hiogo und andere Hauptplätze Japans, geschätzt auf etwa 3 Mill. Yen, besorgt die Finanzgeschäfte des Hauses Sumitomo, welches sich mit Bearbeitung seiner eigenen Kupfer-, Antimon- etc. Bergwerke, sowie mit dem Verkauf des aus seinen Bergwerken gewonnenen Kupfers, Antimons u. s. w. befasst. — Die Sumitomo-Bank betreibt indessen nebenbei allgemeinen Bankverkehr, wie Discont von Wechseln, Bevorschussung von Lägern u. s. w.

---

1) Siehe S. 102 u. ff.

c) **Konishi Ginko**, nur in Osaka domicilirt. Eine reine Privatbank, welche die Bankgeschäfte der fünf in Osaka domicilirten japanischen Firmen Konishi Hambe, Konishi Wasaburo, Konishi Yosuke, Konishi Matasuke und Konishi Gisuke besorgt. Kapital der Konishi Ginko wird auf $1/4 - 1/2$ Million Yen geschätzt. Obige fünf japanische Firmen befassen sich hauptsächlich mit dem Handel in europäischen Importen, welche sie durch europäische Firmen in Hiogo und Yokohama beziehen. — Die Konishi Ginko bevorschusst also die auf eben genanntem Wege bezogenen Waaren gegen einen von den fünf Inhabern der Bank festgesetzten Zinsfuss. In directen Verkehr mit Europäern ist die Konishi Ginko bis heute nicht getreten.

Eine deutsche Bank würde sowohl mit den bestehenden europäischen wie auch mit den japanischen Banken in erfolgreichen Wettbewerb treten können, und sie würde nicht nur finanziell gute Erfolge erzielen, sondern vor allen Dingen auch den in Japan ansässigen deutschen Firmen eine gute Stütze wie überhaupt dem ganzen Grosshandel Deutschlands sowie seiner Weltmachtstellung von nicht zu übersehender Bedeutung sein.

Begreiflicherweise finden die deutschen Kaufleute in Japan seitens der englischen Banken nicht immer diejenige finanzielle Unterstützung, deren sie namentlich im Falle grosser Unternehmungen, wie z. B. in Eisenbahnlieferungen, Maschinenlieferungen, Abschlüssen von Kriegsschiffen, Kanonen und sonstigem Kriegsmaterial bedürfen, denn die englischen Banken sehen lieber, wenn das Geschäft an ihre eigenen Landsleute geht. Namentlich jungen Firmen ist es sehr schwer, die Unterstützungen der englischen Banken zu erlangen, man weist ihr Ersuchen um Eröffnung von documentarischen Krediten (d. h. gegen Verpfändung schwimmender

Waaren) oft mit dem Hinweise zurück, dass es ja genügend alte Firmen gäbe, mit denen die Bank arbeiten könne, und sie daher nicht nöthig habe, neue Verbindungen zu suchen.

Dieser Standpunkt der Banken, welchen namentlich die Hongkong and Shanghai Banking Corporation vertritt, ist natürlich unhaltbar, denn nach allgemein geschäftlichen Begriffen ist doch eine Bank nicht allein um ihrer selbst willen da, sondern nebenbei auch zur Stützung jeden Handels, sei er von alten oder jungen Firmen betrieben, solange letztere nur soliden Grundsätzen huldigen. Da nun sehr viele der mit der Zeit neu etablirten Firmen deutsche sind, so werden die Deutschen auch in diesem Punkte benachtheiligt. Die Firmen, welche Ende der 80er und Anfangs der 90er Jahre um die Ecke gingen, waren durchweg englische. Durch deutsche in Japan domicilirte Firmen hat die Hongkong Bank noch nie nennenswerthe Verluste erlitten.

Ein Hauptgrund für noch nicht erfolgte Gründung einer deutschen Ueberseebank in Japan ist vielleicht auch darin zu erblicken, dass im Aufsichtsrathe der Hongkong Bank vier Deutsche sitzen, wovon einer sogar augenblicklich den Vorsitz hat. Ja, meine Herren, bei den in Deutschland in Betracht kommenden Faktoren hat dies vielleicht den Anschein erweckt, dass die Hongkong Shanghai Bank ein halb deutsches Institut sei, und somit den deutschen Handelsinteressen genügend Unterstützung gewährt, sei es nun alten oder neuen Firmen. Dem ist leider nicht ganz so. Wie finden Sie das, meine Herren, dass unter den einträglicheren Stellen der Bank, soweit dies hier in Japan der Fall ist, nur Engländer und andere Nationalitäten vertreten sind und nicht ein einziger Deutscher? Hier ist es Sache der im Aufsichtsrath der Bank sitzenden Deutschen, Wandlung zu schaffen. Dass ausnahmsweise in der Hamburger Agentur Deutsche angestellt sind, erklärt sich lediglich aus Nützlichkeitsgründen. Dass aber noch tüchtige

Arbeitskräfte unter deutschen Bankbeamten vorhanden sind, verdient hervorgehoben zu werden und möchten wir den deutschen Herren Directoren der Hongkong Bank zu denken geben, wenigstens einen verhältnissmässigen Theil ihrer hiesigen künftigen Vacanzen durch Deutsche zu besetzen. Im volkswirthschaftlichen Leben kommt es bei der Kapitalvermehrung doch auch hauptsächlich auf die Verwendung nationaler Arbeitskräfte an.

Trotz dieser kleinen Missstände, die ich nicht unerwähnt lassen wollte, können wir im Allgemeinen genommen mit unserm Antheil am Handel Japans zufrieden sein, denn die Deutschen dringen wie fast überall, so auch hier in Japan siegreich gegen den englischen Handel vor. Dieses Vordringen erstreckt sich nicht nur auf deutsche Artikel, sondern auch in englischen Fabrikaten machen die deutschen Kaufleute ihren Concurrenten im Handel Japans das Feld streitig. Namentlich in Hiogo-Kobe haben die deutschen Firmen sich eine sehr gute Stellung erobert, wie die Eingangs erwähnte und hier beigefügte Liste zeigt. Es darf für ziemlich sicher angesehen werden, dass die deutschen Firmen in Hiogo über die Hälfte des von europäischen Firmen überhaupt vertretenen Handels in Händen haben. Es wäre aus diesen Gründen vielleicht in Erwägung zu ziehen, den Hauptsitz der in Japan zu gründenden deutschen Bank für Hiogo in Aussicht zu nehmen oder der Filiale in Hiogo dieselben Rechte zu gewähren, wie der in Yokohama zu errichtenden Bank.

Ein grosser Theil des via Yokohama gehenden internationalen Handels Japans liegt ebenfalls in deutschen Händen, doch liegt das Verhältniss lange nicht so günstig wie in Kobe.

Die Formen des Bankverkehrs in Japan sind folgende:

a) Ankauf von Importtratten, d. i. Tratten gegen schwimmende Waaren. Diese Tratten werden von den Agen-

turen oder Vertretern der Banken an den Verladungshäfen Europas, Amerikas, Indiens u. s. w. gekauft und müssen von den folgenden Documenten begleitet sein:
1. Connossement, an Order ausgestellt und mit Indosso versehen,
2. Versicherungspolice, wie ad 1 ausgestellt,
3. Factura, welche den in der Tratte genannten bezw. bevorschussten Betrag ergiebt.

b) Bevorschussung der Waaren, gegen welche die Tratten gezogen sind, bei Verfall der Tratten, im Falle die Waaren dann noch nicht realisirt sind.

c) Ankauf von Exporttratten, welche die gleichen Bedingungen, wie oben unter a) erwähnt, erfüllen.

Die unter a) erwähnten Tratten sind entweder in irgend einer im Weltverkehr herrschenden Valuta (also £, Mark, Francs, Amerik. Gold $, etc.) oder in der japanischen Yen-Währung, welche seit dem 1. October d. J. auf einem Goldstandard basirt, ausgestellt. Sind die Tratten in nicht japanischer Valuta ausgestellt, so berechnen die Banken 5 % p. a. Zinsen vom Datum der Tratte ab bis zum voraussichtlichen Datum des Eintreffens des Geldes in Europa oder Amerika etc. Für eine 3 M. S. Tratte von London auf Japan würden also

ca. 40 Tage Reisedauer bis Japan,
„ 90 „ Sicht,
„ 40 „ Reisedauer nach London zurück
170 Tage Zinsen ca. 5 % p. a. berechnet

werden. Sind die Tratten in Yen ausgestellt, so schliesst die Bank ihren Verdienst und die Zinsen im Kurse ein.

Bei Vorschüssen, wie unter b) erwähnt, werden die Waaren der betreffenden Bank verpfändet (s. g. Loans laut im Anhang beigefügten Formulare Seite 106) und berechnet die Bank für ihren Vorschuss, welcher in den meisten Fällen 90 % vom Trattenbetrage darstellt, 6 % Zinsen p. a.

Solche Waaren, bei denen die gegen dieselben laufenden Tratten noch nicht fällig sind, müssen auch der betreffenden Bank verpfändet werden (siehe Seite 108). Werden vor dem Verfalltage der Tratten Waaren abgeliefert bezw. verkauft, so sind entsprechende Einzahlungen auf ein besonders hierfür eingerichtetes Conto (Instalment a/c. zu machen und werden für diese Einzahlungen

2 % p. a. seitens der Hongkong Shanghai Bank,
3 % „ „ „ „ Chartered Bank of J. A. & Ch.,
5 % „ „ „ „ Yokohama Specie Bank,
5 % „ „ „ „ Mitsui Bank

an Zinsen vergütet. Am ungünstigsten fahren die Kaufleute also bei der Hongkong Bank, 1 % besser bei der Chartered Bank; diese beiden Banken berechnen, wie aus Vorstehendem hervorgeht, bis zum Verfalltage auf den ganzen Betrag der Tratten 5 %, vergüten für Abzahlungen dagegen aber nur $^2/_5$ bezw. $^3/_5$ der auf die Anzahlungsbeträge entfallenden Zinsen. — Am günstigsten werden die Kaufleute in Bezug auf Zinsen von den japanischen Banken behandelt, wie aus Vorstehendem hervorgeht.

Es dürfte also, meine Herren, nach dem hier Angeführten einer zu gründenden deutschen Bank nicht schwer fallen, sich einen grossen Theil am Bankverkehr Japans zu sichern, wenn sie ihre Constituenten in zuvorkommender Weise, ähnlich den japanischen Banken behandelt. Es darf nicht unerwähnt bleiben, dass die Verhältnisse für in Japan etablirte oder zu gründende Banken noch vor längerer Zeit, sagen wir im Jahre 1874, nicht günstig waren, das ist nicht zu bezweifeln, jedoch Mitte der 80er Jahre lag die Sache schon ganz anders. So fand ich in meinen Nachforschungen ein Buch meines früheren Collegen und jetzigen Bankdirectors A. H. Exner in Leipzig, betitelt: „Die Einnahmequellen und der Credit Chinas", worin derselbe auch über die damals beabsichtigte Gründung einer deutschen Ueberseebank schreibt.

Derselbe berichtet, er habe neben den Vertretern Deutschlands und der Deutschen in Japan auch mit den Directoren der englischen Banken über die einschlägigen Verhältnisse gesprochen, und kommt schliesslich zu dem Resultate, dass „die Gründung einer deutschen Bank in Japan in Rücksicht auf die derzeitigen Bankverhältnisse dieses Landes als ein rentables Unternehmen nicht bezeichnet werden kann."

Die Voraussetzungen des Herrn Exner, auf welche er sein Urtheil stützt, stellen sich jedoch nach eingehender Prüfung als nicht stichhaltig dar, z. B. schreibt Exner: „Japan, ein Land, welches kaum 20 Jahre der Barbarei entrissen ist" etc. Ja, meine Herren, können wir die alte japanische Kultur, welche gewiss hoch entwickelt war, denn als Barbarei ansehen? Dieser Ausdruck erinnert uns lebhaft an unsere eigenen Vorfahren, welche von den Römern als Barbaren bezeichnet wurden, jedoch von Tacitus u. A. den Römern als leuchtendes Vorbild vorgeführt wurden, und zwar als ein starkes, sittenreines Volk, welches denn auch nach langem Kampfe der Herrschaft des Römischen Reichs mit seinen verdorbenen Zuständen ein wohlverdientes Ende bereitete.

Ferner möchte ich auf die auf Seite 62 seiner Broschüre befindliche Statistik betreffs des japanischen Aussenhandels erwähnen, dass diese Statistik vom Jahre 1884 ist, während Herr Exner sein Buch im Jahre 1887 herausgab, wo sich die Verhältnisse gründlich geändert hatten. Exners Voraussetzungen liessen somit keine Schlüsse mehr auf das Jahr 1887 zu. Nach Exners Statistik betrug der

Export in 1884 33,016,248 Yen
Import „ „ 28,821,024 „ (richtig: **32,100,000**).

Diese Ziffern haben sich bis 1887 auf 51,500,000 Yen im Export und auf 51,700,000 im Import gehoben, beziehungsweise vergrössert, wobei allerdings der um $13\frac{1}{2}\%$ gefallene Dollar-Kurs in Berücksichtigung gezogen werden muss, aber immerhin auch im letzteren Falle betrug das Mehr bei der Ausfuhr 14 Mill. Yen, und bei der Einfuhr 15,3 Mill. Yen.

Wie bereits oben hervorgehoben, ist die von Exner genannte Einfuhrziffer von 28,821,024 Yen ein Irrthum, es muss 32,100,000 heissen und wollte ich Herrn Exners Statistik richtig stellen, da er seine Beweggründe, die ihn veranlassten, die Gründung einer Deutschen Ueberseebank derzeit nicht für empfehlenswerth zu halten, darauf stützt.

Anfang der 70er Jahre bestand in Yokohama eine Filiale der Deutschen Bank, welche jedoch mit den damals herrschenden widrigen Verhältnissen zu kämpfen hatte und daher nicht bestehen konnte. Die Filiale schlief wieder ein, wozu auch der Umstand beigetragen haben mag, dass die Bank damals durch einen Diebstahl einer Anzahl von Silberbarren beraubt wurde. Zudem befand sich damals Deutschland in der unrühmlich bekannten Gründerzeit, die die Deutsche Bank veranlasste, ihre Kapitalien zusammenzuhalten und die Filiale in Yokohama liquidiren zu lassen. Seit jener Zeit haben sich nun aber sowohl die Bankverhältnisse, wie ich Ihnen, meine Herren, schon vorgeführt habe, sowie auch die allgemeinen Verhältnisse im Handel und Verkehr ganz bedeutend geändert. Nun will ich im Nachstehenden, meine Herren, versuchen, die Gründe für die in den letzten 25 Jahren vor sich gegangenen Veränderungen im Handel und Verkehr vorzuführen.

Noch im Anfange jener Periode galten die japanischen Händler (Shonins) für äusserst unzuverlässig, und in der That verdienen nur einige wenige Ausnahmen unter ihnen Vertrauen. Die übergrosse Mehrzahl der Shonins lebte noch in den alten Ueberlieferungen fort, welche auf die eigenthümlichen Verhältnisse des alten japanischen Feudalstaates begründet waren. Während der Feudalherrschaft waren die Samurai (Ritter) und ihre Angehörigen die erste Kaste Japans, wie bereits früher erwähnt. Jeder, welcher sich mit irgend einer Art von Handel beschäftigte, gehörte nach alter Auffassung zur letzten Kaste, ein Theil der Händler, nämlich derjenige, welcher sich mit Thierfellen, Leder befasste, wurde sogar verachtet und mit dem Schimpfnamen „eta"[1] belegt. Es muss indessen gesagt werden, dass die vorhererwähnten Unterschiede heute längst in Vergessenheit gerathen sind. Die öffentliche Moral auch der Händler hat sich entschieden gehoben, wenn auch noch viele Ausnahmen, leider muss dies gesagt werden, zulässig sind. Immerhin besteht heute eine Anzahl grösserer japanischer Firmen, denen auch die Europäer mit Vertrauen entgegentreten. Von ersteren erwähnen wir hier

Takata & Co., Tokio (Branche: Maschinen),

Mitsui Bussan Kaisha, Tokio, Yokohama, Hiogo, Nagasaki,

Sumitomo & Co., Kobe, Tokio,

Shibusawa Eiji, Tokio,

Okura Kihachiro, Tokio,

welche ein sehr grosses Geschäft mit Europa machen und zum Theil sich englischer und europäischer Banken bedienen. Einige der oben genannten Häuser haben sogar ihre eigenen Vertretungen bezw. Filialen in Europa. Wenn noch hier und da gesagt wird, es gäbe keinen einzigen ehrlichen japanischen Kaufmann, so stimmt dies ebensowenig mit der Wahrheit überein, als wenn Jemand behauptet, in Europa gäbe es nur anständige Leute. Hier wie dort würde man mit derartigen Redensarten nur

---

[1] „Eta" ist der Ausdruck für eine Klasse der Bevölkerung Japans, vermuthlich der Abkömmlinge koreanischer Gefangener, welche als Auswurf betrachtet wurden und eine Stellung ausserhalb der Nation einnahmen; sie waren gewissen, gesellschaftlichen Beschränkungen unterworfen und bildeten die niedrigste und verachtetste Klasse. Sie waren gezwungen in Ghettos oder besonderen Dörfern in genau vorgeschriebenen Landestheilen, abgeschlossen von der Aussenwelt, unter sich zu wohnen, sie beschäftigten sich meistens mit dem Begraben von Thierkadavern, sie waren Schlächter, Lederbearbeiter u. dergl. Diese Klassenunterschiede wurden zu Beginn der Meiji-Aera durch ein Decret des jetzigen Kaisers aufgehoben.

die Ausnahme für die Allgemeinheit geltend machen. Mit der unverkennbaren Hebung der kaufmännischen Moral ging die Entwickelung des japanischen Bankwesens Hand in Hand. Die Zuvorkommenheit der grossen japanischen Banken:

Yokohama Specie Bank } siehe oben
Mitsui Ginko

hat es dahin gebracht, dass ein grosser Theil der in Japan ansässigen Europäer seine Kapitalien bei ihnen anlegt. Vermöge ihrer grossen Kapitalien haben die japanischen Banken es dahin gebracht, dass sich nahezu alle europäischen Firmen in hervorragender Weise ihrer im internationalen Verkehr bedienen, und die günstigen Zinssätze werden dazu führen, dass sich die Europäer der Vermittelung japanischer Banken in Zukunft noch mehr bedienen werden. Wenn eine deutsche Bank in nächster Zukunft in Japan errichtet werden würde, so wäre sie sicher, dass ihr ein guter Antheil am hiesigen Geschäft zugeführt werden wird, nicht allein von den Deutschen, Deutschschweizern und vielen Firmen anderer Nationalität, sondern auch einem sehr grossen Theil der Japaner.

Die Zinssätze für Spareinlagen sind heute bei den verschiedenen Banken die folgenden:

a) Englische Banken auf s. g. savings a/c. $3^1/_2$ % p. a. Jederzeitige Abhebung gestattet,

b) Japanische Banken (Mitsui Bank) $5\,^{11}/_{100}$ % p. a. Yokohama Specie Bank ca. 5 %. Abhebung wie oben.

Bei den japanischen Banken ändern sich die Zinssätze je nach Lage des inländischen Geldmarktes fortwährend, bei den englischen Banken sind sie mehr feststehend.

Auf Kündigung bezahlen die verschiedenen Banken die folgenden Zinsen:

12 Monate, fixed deposit.
Hongkong und Shanghai Bank 5 % p. a.
Mitsui Bank 6 % „ „

6 Monate, fixed deposit.
Hongkong und Shanghai Bank 4 % p. a.
Mitsui Bank 5½ % p. a.
3 Monate, fixed deposit.
Hongkong und Shanghai Bank 3 % p. a.
Mitsui Bank 5 % „ „

Bei den japanischen Banken sind die Vorteile in den Zinsen so gross, dass man sich fragen muss: „Wie fangen es diese Banken an, um so grosse Procente zahlen zu können?" Wir wollen versuchen, diese Frage in Nachstehendem klar zu legen:

Die japanischen Banken sind durch so vortheilhafte Anlage ihrer Kapitalien im Innern des Landes, wohin die europäischen Banken ihnen vor Inkrafttreten der neuen Verträge nicht folgen können, in die Lage gesetzt, ihren Constituenten hohe Zinsen für eingeschossene Gelder zahlen zu können. Das japanische Leihsystem im Innern ist auf das monatsweise Darleihen von Geldern, für welche Reisläger, Bergwerke, Ländereien u. s. w. als Unterpfand dienen, begründet. Man berechnet im Innern selten weniger als 1 % pro Monat, in den meisten Fällen 1¼ % pro Monat oder gar darüber.

Die Bevorschussung von Lägern importirter Waaren Japanern gegenüber geschieht in der Weise, dass man für 100 % Sicherheit 80 % Darlehen auf zwei bis drei Monate giebt. Ist der vereinbarte Termin, bis zu welchem das Darlehen zurückbezahlt werden soll, verflossen, die Waare aber noch nicht verkauft, und man wünscht ein weiteres Darlehen, so müssen 20 % extra Marge bezahlt werden, d. h. die Bank hat jetzt für ca. 60 % Darlehen 100 % Sicherheit.

An den Vertragshäfen verfolgen die japanischen Banken somit eine ganz andere Politik als im Innern, wo man übrigens an hohe Zinssätze von Alters her gewöhnt ist. Dass die japanischen Banken auch im Innern den grossen, respectablen japanischen Firmen viel günstigere Bedingungen einräumen, als vorhin erwähnt, ist eine Thatsache, welche zeigt, dass die japanischen Banken sich von Nützlichkeitserwägungen leiten lassen. Letztere haben denn auch die japanischen Banken veranlasst, an den Vertragshäfen günstigere Bedingungen gelten zu lassen, als die englischen Banken, um mehr und mehr in das überseeische Geschäft hineinzukommen. In diesem Bestreben kam ihnen ein Umstand zu Hilfe, den wir nicht übergehen wollen.

Bis zum Ende der 80er Jahre gaben nämlich die Banken (die europäischen sowohl wie die japanischen, letztere kamen für den grossen Handel an den Vertragshäfen damals weniger in Betracht) nahezu allen an den Vertragshäfen domicilirten, europäischen Firmen unbeschränkten Credit, welcher sich je nach Bedeutung der betreffenden Firmen auf 50,000, 100,000, oder mehrere hunderttausend Dollars belief. Gegen fällige Tratten brauchte nicht wie heute, im Falle Nichtablieferung der betreffenden Waaren, ein sog. „Loan" aufgenommen zu werden, sondern man beglich die Tratten durch einen Cheque auf das laufende Conto bei der Bank. Von Zeit zu Zeit hielt dann die Bank in den Godowns[1] ihrer Debitoren Controle ab, d. h. man sandte einen Angestellten der betreffenden Bank, um nachsehen zu lassen, ob das vorhandene Lager den auf dem Conto der betreffenden Firma im Debet stehenden Betrag auch wirklich deckte. Eine solche Controle[2] hatte bei Unkenntniss der Waaren natürlich nicht viel Werth. — Dieses sehr bequeme Banksystem führte schliesslich zu einer riesigen Anhäufung von Lägern und zu einer Geldknappheit, welche durch schlechte Geschäftslage noch mehr verschärft wurde. In den Jahren 1885 und 1886 hatten sich die Japaner nämlich, wie schon vorher

---

1) Lagerhäuser.
2) Bei grossen englischen Firmen wurde diese Controle nur oberflächlich gehandhabt.

mehrere Male, auf die Liebhaberei geworfen, europäische Kleider, d. h. solche aus europäischen Stoffen und von europäischem Schnitt zu tragen, und in diesen Jahren war die Nachfrage für Tuche, Buckskins, Flanelle und sogar Corsets enorm, und die Kaufleute richteten sich mit ihren Einkäufen in Europa hiernach ein, da kein Mensch erwartete, dass die Japaner ihre Geschmacksrichtung plötzlich wieder verändern würden.

1887 trat aber doch ein Umschwung ein; die niederen Klassen im Innern, welche auf sehr sparsame Lebensführung angewiesen waren, hielten mit grosser Zähigkeit an dem japanischen Nationalcostüm fest, und da an den Vertragshäfen die alten Gegensätze zwischen Kaukasiern und Japanern fortbestehen blieben und die Japaner nicht den erhofften Anschluss an die Europäer fanden, trotz grosser Festlichkeiten, welche die Japaner den gesammten Europäern gaben, trat plötzlich ein Umschwung[1] ein.

Der grösste Theil der Japaner fühlte sich in seinem Nationalstolze gekränkt und fing nun an, seine Nationaltracht wieder anzulegen. Die europäischen Kleider wanderten in die Koffer oder zu den Trödlern, der Bedarf an Tuchen, Buckskins, Flanellen u. s. w. stockte plötzlich, und die Läger von diesen Stoffen in Japan, insbesondere in den Vertragshäfen, blieben unangerührt.

Auf Drängen der Banken mussten die Läger schliesslich nach und nach mit grossen Verlusten (20, 25, 30 und mehr Procent) veräussert werden. Viele Firmen verloren dabei derartig, dass sie lange Jahre zu arbeiten hatten, um ihre Fehlbeträge bei der Bank abzudecken, und bei mehreren Firmen waren die Verluste derart, dass Bankerott erfolgte. Nun wurden die Banken vorsichtig und verlangten fortan genaue Speci-

---

[1] Der grösste Theil der in den Vertragshäfen wohnenden Fremden untersagte ihren japanischen Angestellten, in europäischer Kleidung zu erscheinen.

fication des Lagers, hypothekarische Verpfändung der Waaren, und wurden die gegen die letzteren valedirenden Beträge auf ein besonderes „Loan"-Conto übertragen.

Fortan bewilligten die meisten Banken keinen Debetsaldo[1] mehr und musste letzteres alle paar Tage regulirt, d. h. glatt gemacht werden.

Durch die strengere Handhabe der Banken, deren neue Einrichtung betr. die „Instalment"-Conten (siehe oben) auch aus dem Jahre 1887 datirt, ist natürlich eine viel grössere Sicherheit, als früher existirte, in das Bankgeschäft hineingebracht worden.

Die europäischen Banken haben aber den Fehler begangen, den Kaufleuten keine gehörige Uebergangsfrist zu gewähren; erstere gingen viel zu schroff vor, letztere dagegen machten sich die japanischen Banken an den Vertragshäfen zu Nutze, indem sie Erleichterungen im Bankverkehr eintreten liessen, welche wir schon früher berührt haben.

Aus Vorstehendem geht zur Genüge hervor, dass eine deutsche Bank, wenn dieselbe im Jahre 1883 oder 1884 begründet worden wäre, mit sehr unsicheren Verhältnissen zu kämpfen gehabt haben würde. Jetzt jedoch, wo wir ein sicheres Banksystem an den japanischen Handelscentren haben, würde eine deutsche Bank bei richtigem Vorgehen und richtiger Leitung nicht so leicht Gefahr laufen, Verluste zu erleiden. Ausser dem früher näher beschriebenen Bankverkehr würden einer deutschen Bank aber auch andere Zweige zufallen, welche wir unter Folgendem berühren wollen.

Seit ca. einem Jahre bemühen sich verschiedene Bankkreise in London und Paris grosse Ankäufe in japanischer Kriegsanleihe zu machen (sog. war bonds). Der Verkauf dieser Staatspapiere, welche mit 5% verzinst werden, ist seit einigen Jahren von

---

[1] Ueberziehen des Guthabens auf laufendem Conto.

der japanischen Regierung gestattet worden, und es sind von der in Yokohama, Hiogo und London domicilirten Firma Samuel, Samuel & Co. bereits 40,000,000 Yen japanischer Kriegsanleihe für das Londoner Haus Rothschild angekauft worden und zwar durch Vermittelung der japanischen Centralbank, der Nippon Ginko.

Der Preis war ₤ 102.— per 1000 Yen Nennwerth. Die Regierung sah sich zu diesem Verkaufe veranlasst, um die Einführung der Goldwährung zu erleichtern. — Dies war der erste Verkauf von japanischen Staatspapieren ins Ausland, also ein sehr wichtiger Schritt, welcher als der Anfang des Einströmens fremden Kapitals nach Japan angesehen werden muss. Wie Sie wissen, meine Herren, wahrte die japanische Regierung bis vor Kurzem den alten Standpunkt, sich alles nöthige Kapital im Inlande[1] zu verschaffen und nicht in Abhängigkeit europäischer Staaten zu gerathen. — Erwähnte Papiere sind seit Jahresfrist nach und nach zu 97, $97^{1}/_{2}$ und 98% aufgekauft worden, wurden an der Londoner Börse zuletzt 99% notirt, haben aber schon über 100% gestanden.

Gegenwärtig weilen mehrere Inhaber des Pariser Hauses Kahn & Kahn in Japan, um gleichfalls Ankäufe von japanischer Kriegsanleihe zu machen. Dieser neue Bankverkehr zwischen Japan und den grossen Geldplätzen Europas müsste auch von der geplanten deutschen Bank aufgenommen werden, da in Deutschland doch auch von vielen Kapitalisten sichere Anlage ihrer brach liegenden Gelder gewünscht wird, und die zur Gründung einer deutschen Bank in Japan nöthigen Kapitalien würden in diesem Lande ungleich sicherer angelegt werden, als bei unsicheren Unternehmungen. Wir erinnern hier nur

---

[1] Die Erhöhung des Zolltarifs, der 6 Monate nach Inkrafttreten der neuen Handelsverträge durchgeführt wird, ergiebt für den Staat eine jährliche Mehrzolleinnahme von 8—9 Millionen Yen auf Kosten des Auslandes.

an die enormen Verluste deutscher Kapitalisten bei portugiesischen und argentinischen Staatspapieren, die sich auf hunderte von Millionen Mark beliefen; die berüchtigten 7% Cedulas, die Griechen u. s. w. sind ja noch in so frischer Erinnerung, dass ich darüber hinweggehen kann.

Japan befindet sich meiner Ansicht nach in viel besserer finanzieller Lage, als manche europäischen Länder; das Geschäft wird noch immer zum grossen Theil per comptant[1] gemacht. Bei richtiger Bankcontrole würden daher die, gegen von Europa verschiffte Waaren, laufenden Tratten vom Bankstandpunkte aus als ganz sichere Anlage zu betrachten sein.

Ferner planten die schon erwähnten Herren Kahn & Kahn im Verein mit japanischen und französischen Kapitalisten, eine französische Ueberseebank zu gründen, welcher Plan doch, so viel ich in Erfahrung bringen konnte, gescheitert ist.

Bei der Financirung von Kriegsmaterial, Lieferungen von Kriegsschiffen, Brücken, Maschinen u. s. w. für Rechnung der japanischen Regierung würde eine deutsche Bank eine erfolgreiche Thätigkeit entfalten können. Kürzlich wurde durch Vermittelung einer deutschen Firma in Yokohama ein Kreuzer 1. Klasse beim Vulcan in Stettin bestellt. Die Zahlungen geschehen durch die japanische Gesandtschaft in Berlin; wenn eine deutsche Bank in Japan bestände, würde dieselbe sich derartige Finanzoperationen ohne Zweifel sichern können.

Die Entwickelung der japanischen Industrie, meine Herren, hat in den letzten 10 Jahren grosse Fortschritte gemacht. Wurden früher alle Kurz- und Webwaaren europäischen Styls, sowie Sicherheitszündhölzer, Glaswaaren, wie Lampen, Trinkgläser u. s. w. von Europa eingeführt, so wird jetzt bereits ein sehr grosser Theil nicht nur in Japan herge-

---

1) Gegen baar.

stellt, sondern in solchen Massen und so billig fabricirt, dass ein grosser Export nach China, den Straits Settlements, den malaiischen Staaten, Niederl. Indien, Manila, kurz nach dem weiten Osten Asiens stattfindet. Einige Artikel, wie japanische Sicherheitszündhölzer, Baumwollgarne gewöhnlicher Art, Unterjacken-Unterzeug u. s. w. haben sogar das europäische Fabrikat aus dem Osten Asiens gänzlich verdrängt. Bei meiner Durchquerung Nordamerikas und Mexicos, Anfang dieses Jahres, fand ich hauptsächlich japanische Streichhölzer mit dem Aufdruck „made in Japan." Ja, meine Herren, diese Zündhölzer waren allerdings nicht von vorzüglicher Qualität und man verbrauchte beim Anstecken einer Cigarre oft das dreifache als bei europäischen. Dieser Export japanischer Industrieartikel wurde durch ein Vorschuss-System gefördert, welches namentlich von chinesischen Firmen angewandt wurde.

Dieser Fortschritt der japanischen Industrie ist auf verschiedene Ursachen zurückzuführen:

1. Die Eigenschaft des Japaners, Alles genau nachzuahmen und nachahmen zu können.

2. Die billigen Arbeitslöhne, begründet auf die Anspruchslosigkeit der niederen Klassen.

3. Die grosse Unterstützung, die die japanische Regierung der Landes-Industrie angedeihen lässt.

Zu 1 ist zunächst zu bemerken, dass die Europäer, insbesondere die Deutschen, unbewussterweise ihr Theil dazu beigetragen haben, die Industrie Japans zu begründen und zu verbessern. Kam in den 70er und 80er Jahren ein Japaner nach Europa bezw. Deutschland, so stand es ihm frei, die verschiedenartigsten Industrien bis in die kleinsten Einzelheiten genau zu besichtigen; eine ganze Reihe von Japanern ist sogar in deutschen, seltener in französischen und - englischen, Fabriken thätig gewesen. Die Leute haben sich dort die nöthigen

Kenntnisse gesammelt und sind, sobald sie genug gelernt hatten, nach Japan zurückgekehrt, um sich alsbald Maschinen u. s. w. von genau derselben Art, wie sie dieselben in Europa kennen gelernt hatten, von dort kommen zu lassen. Auf diese Weise tragen die Europäer unbewussterweise einen Theil der Schuld daran, dass die japanische Industrie so rasch hochkommen konnte. Die betreffenden europäischen Fabrikanten haben sich durch ihre Gutmüthigkeit, den Japanern alle Geheimnisse zu zeigen, eine schwere Concurrenz, vorläufig nur auf den Märkten Ostasiens, gross gezogen.

Dieser Concurrenz kann nur im internationalen Wettbewerb der Völker auf japanischem Boden begegnet werden, mag dies nun durch Gründung einer deutschen Bank oder sonstiger industrieller deutscher Unternehmungen geschehen. Gehen doch jetzt schon, meine Herren, von englischer Seite[1] aus Vorschläge dahin, eine Schiffswerft auf japanischem Boden zu bauen.

Zu 2 haben wir weiter auszuführen, dass die Arbeitslöhne in letzter Zeit allerdings ganz erheblich gestiegen sind. Diese Steigerung ist auf die Vertheuerung aller Lebensverhältnisse seit den letzten 5 Jahren zurückzuführen. Reis, das Hauptnahrungsmittel der unteren japanischen Klassen, ist über doppelt so theuer, als vor 5 Jahren. Die Preise von Grund und Boden sind in den grossen Städten ganz erheblich, stellenweise um mehrere 100 °/₀ gestiegen, und in gleichem Verhältnisse auch die Wohnungsmiethen. — Die japanische Industrie hat jetzt also mit viel höheren Löhnen, die in einzelnen Branchen 60—75 Sen pro Tag von 10—12 Stunden (gegen früher vor ca. 5 Jahren 20—25 Sen) betragen, zu rechnen, und es ist der japanischen Industrie die Concurrenz Europas auf dem ostasiatischen Markte daher schon viel schwerer geworden als früher.

---

1) Armstrong, Whitworth & Co.

Die japanische Regierung hat in diesem Punkte viel von der deutschen abgesehen und ihre Bestrebungen werden von den Japanern auch voll gewürdigt. Die Unterstützung der Industrie seitens der japanischen Regierung geht einestheils in der Art vor sich, dass sie ihre Vertreter im Auslande anweist, ihr mit statistischem Material, Berichten über die Marktverhältnisse an den verschiedenen Plätzen mit Rücksicht auf die etwaige Absatzfähigkeit und Verkäuflichkeit japanischer Produkte beziehungsweise Erzeugnisse an die Hand zu gehen.

Dieses Material wird dann verarbeitet und mit weiteren Anleitungen an die betreffenden einzelnen Industriekreise vertheilt. — Ferner lässt die japanische Regierung auf ihre Kosten, oder doch mit ihrer Unterstützung, junge Leute nach Deutschland, England und Amerika entsenden, damit sie sich dort technisch ausbilden und nach vollbrachtem Studium nach Japan zurückkehren, um ihre Kenntnisse zum eigenen und allgemeinen Nutzen zu verwerthen.

Dass die Europäer nicht recht thaten, den Japanern früher ihre Fabriken zu zeigen und ihnen ihre besonderen Methoden zum Verständnisse zu bringen, wird durch die Thatsache treffend illustrirt, dass die japanischen Industriellen ihren Nebenbuhlern gegenüber in Bezug auf Fabrikgeheimnisse sehr vorsichtig sind und den Europäern nichts zeigen, es seien denn solche Dinge, welche den Europäern längst bekannt sind. Handelt es sich um Geheimnisse irgend einer Industrie, worin die Japaner eigene, den Europäern nicht bekannte Herstellungsmethoden oder Kunstgeheimnisse besitzen, so ist der Japaner dem Auskunft wünschenden Europäer gegenüber verschlossen bezw. er speist ihn mit leeren Höflichkeitsphrasen ab. Dieses musste u. a. auch die kürzlich in Japan anwesende deutsche Handelscommission erfahren, die längere Zeit in Japan weilte, um die Lage des deutschen Handels im Allgemeinen, seine Concurrenz und Ausdehnungsfähigkeit im Besonderen zu studiren und darüber Bericht nach Deutschland zu erstatten. Jeder der Herren der genannten Commission hatte ein besonderes Fach zum Bearbeiten bekommen und war sowohl von der deutschen, wie von der japanischen Regierung mit Empfehlungsschreiben versehen. Trotzdem ist es der Commission nicht gelungen, alle gewünschten Auskünfte von den Japanern zu erhalten, so z. B. passirte es einem der Commissare, der die japanische Seidenweberei zum Studium zugewiesen erhalten hatte, dass er vor den Thoren einer japanischen Seidenspinnerei in Kioto, wo ich mich gerade aufhielt, mit dem höflichen Bescheide empfangen wurde, dass man bedaure, ihm das Innere nicht zeigen zu können, da man von höherer Stelle (Handelsministerium) aus den Rath erhalten hatte, den Herrn nicht in die Spinnerei einzulassen. Dies geschah trotz Einführungsschreiben des Ministeriums. Die Briefe desselben Ministeriums widersprachen sich also und der deutsche Commissar musste unverrichteter Sache heimziehen. Den anderen Herren der Commission ist es oft ähnlich ergangen, wenn es sich gerade nicht um Dinge handelte, welche jeder gern wissen darf, ohne dass es den Japanern später Nachtheile bringt. Die Commission hat sich ferner an ihre in Japan etablirten und ansässigen eigenen Landsleute, die deutschen Kaufleute, gewandt, welche ihnen auch bereitwilligst alle gewünschten Auskünfte gegeben haben.

Was die Rentabilität der in Japan etablirten europäischen Banken[1] anbelangt, so steht dieselbe ausser allem Zweifel. Doch lässt die Höhe der zur Vertheilung kommenden Dividenden dieser Banken noch keinen Schluss auf den Antheil des japanischen Geschäfts an den Gesammtgewinnen der Banken zu.

Es steht aber ausser allem Zweifel, dass auch
    die Hongkong & Shanghai B. C.
    und die Chartered Bank of J. A. & Ch.

---

1) Siehe S. 91—101.

ihre Geschäfte in Japan in den letzten 5 Jahren ganz bedeutend ausgedehnt haben.

Das Grundkapital der Hongkong Bank beträgt ja, wie Ihnen Allen bekannt, meine Herren, $ 10,000,000 und basirt auf der Silberwährung (Silberdollar). Die Actien lauten auf Silberdollars zu dem bei Gründung der Bank maassgebenden Kurse (im Anfange der 70er Jahre) von 4 s. 6 d. per 1 Silberdollar. Die Bank muss auch ihre Dividenden auf einen Silberdollarkurs von 4 s. 6 d. calculiren und je nach Stand des mexikanischen Silberdollars die Unterschiede zwischen 4 s. 6 d. und dem jeweiligen Tageskurse auf jeden Dollar Dividende drauf bezahlen. Es ist für die Bank nicht leicht gewesen, unter so schwierigen Verhältnissen, welche durch den im Grossen und Ganzen stets im Rückgange begriffenen Silberwerth bedingt waren, Geschäfte zu machen. Dass die Bank in manchen Jahren Kapitalverluste erfahren hat, ist klar, denn das zum Kurse von 4 s. 6 d. normirte Grundkapital von $ 10,000,000 ist in Gold umgerechnet, bei einem niedrigeren Kurse als 4 s. 6 d. um die Differenz weniger werth.

Die Tendenz der Silberkurse war seit Gründung der Bank meistens eine fallende, kurze Perioden wie im August 1890, wo durch das Sherman'sche Gesetz (silver bill) in den Ver. Staaten vorübergehend eine Hausse (bis 3/11$^3/_4$ d. per $ Sicht auf London) herbeigeführt wurde, waren nicht von schwerwiegender Bedeutung gegenüber dem Falle der Silberwerthe. — Wenn wir von dem in Gold umgerechneten Werthe des Grundkapitals gegen früher absehen, so waren die Erträgnisse der Bank in den letzten Jahren sehr grosse. — Die Bank verfügt heute über einen Reservefonds von $ 7,000,000, der jedoch hauptsächlich in China und anderen Handelsplätzen erzielt ist.

Die Chartered Bank of J. A. & Ch. ist in Bezug auf ihr auf £ 800,000 lautendes Grundkapital von den fallenden Silberwerthen nicht berührt worden. In Hiogo hat diese Bank, welche sich eines weit grösseren Entgegenkommens den Kaufleuten gegenüber befleissigt, in den letzten zwei Jahren, seitdem sie dort eine eigene Bankstelle besitzt, einen grossen Theil des Geschäfts, namentlich den Ankauf von Exporttratten, an sich zu ziehen gewusst. Die Bank hat heute einen grösseren Export-Bankverkehr als die Hongkong Bank; da erstere Bank jedoch keine so langen Fristen für loans gewährt, hat die Hongkong Bank wiederum einen grösseren Theil am Import-Bankgeschäft als die Chartered Bank of J. A. & Ch.

Der Antheil der japanischen Firmen am internationalen Handel Japans hat sich in den letzten Jahren ganz bedeutend vergrössert, jeden Augenblick entstehen neue japanische Firmen, welche mit den Europäern in erfolgreichen Wettbewerb treten. Das Verhältniss der am Grosshandel Japans betheiligten japanischen Firmen, welches noch vor zehn Jahren ein sehr geringes war, hat sich in den letzten Jahren sehr gebessert und betrug

1895 . . . . ca. 30 %,
1896 . . . . „ 35 %.

Dieses Verhältniss dürfte sich aller Voraussicht nach in den nächsten Jahren noch weiter zu Gunsten der Japaner verschieben. Der Grund dieses Vordringens der Japaner liegt

1. im verbesserten japanischen Bankwesen,
2. in der geringen Commission, die die Japaner berechnen.

Bevor ich noch auf weitere Details bezüglich der Gründung einer deutschen Ueberseebank eingehe, möchte ich noch, meine Herren, einiges über die grossartige Entwickelung der japanischen Kauffahrteiflotte erwähnen.

Die erste japanische Dampfergesellschaft ist die Nippon Yusen Kaisha (Jap. Postdampfer-Co.), welche etwa 80 Dampfschiffe[1] besitzt. Diese Gesellschaft hat sich bis vor ca. zwei Jahren

---

1) Vier weitere Dampfer sind augenblicklich in England noch im Bau begriffen und werden im nächsten Jahre dem Verkehr übergeben. In Japan

nur mit dem Küstenverkehr zwischen japanischen Häfen unter einander und zwischen Japan und Shanghai, Hongkong, Singapore, Manila, Wladiwostok besorgt.

Seit 1½ Jahren lässt die Gesellschaft auch regelmässig Dampfer zwischen Japan und England (London), Japan und Indien (Bombay, Calcutta u. s. w.), nach den Ver. Staaten von Nordamerika, Australien und Canada laufen. Diese grosse Gesellschaft hat der Regierung während des letzten Krieges mit China den grössten Theil ihrer Schiffe als Transportdampfer zur Verfügung gestellt und dadurch grosse Dienste geleistet. Die Gesellschaft scheint ziemlich sicher dazustehen, obwohl sie das letzte Mal ihre Dividende aus dem Reservefonds genommen hat.

Als bedeutendere Dampfergesellschaft können wir noch der Osaka Shosen Kaisha Erwähnung thun, die über eine Flotte von ca. 60 grösseren und kleineren Dampfern verfügt.

Vor und nach dem letzten Kriege mit China sind eine Menge von älteren europäischen, namentlich deutschen Dampfern an japanische Gesellschaften verkauft worden. Es ist für diese alten Dampfer eine Menge Geld nach Deutschland gewandert, und wenn eine deutsche Bank bereits bestanden hätte, würde ihr sicher die Financirung übertragen worden sein.

Eine deutsche Ueberseebank würde jetzt auch nicht mehr mit den früheren unsicheren Kursverhältnissen zu rechnen haben, welche durch die am 1. October in Kraft getretene Goldwährung bedeutend gebessert sind. Während in den Jahren der Doppelwährung, welche in der Praxis eine Einzelwährung (Silber) war, die Kurse in Folge des oft sprungweisen Preissturzes von Silber innerhalb kurzer Perioden um 10, 20, ja

---

selbst baut die Gesellschaft zwei Dampfer, Hitachi Maru und Shinono Maru, die bis 1898 fertig gestellt werden sollen.

sogar 25 %, fielen, werden in Zukunft nur sehr geringe Schwankungen vorkommen, zumal wenn die japanische Regierung, wie es ja zu erwarten ist, eine vernünftige Finanzpolitik treibt. Der grosse Ueberschuss der Importen über die Exporten, welcher sich aus der Herbeiziehung eines Theils der in London deponirten chinesischen Kriegskontribution erklären lässt, beträgt, wie aus der schon eingefügten Tabelle ersichtlich, bis zum 31. October 1897 bereits 46.6 Millionen Yen und dürfte sich bis zum Ende d. J. auf 50 Mill. Yen vergrössern. Es wird daher ein sehr grosser Rückfluss von Gold nach Europa stattfinden, und man darf mit Interesse erwarten, auf welche Weise die japanische Regierung eine Besserung der Handelsbilanz herbeizuführen gedenkt, um den Goldabfluss einzudämmen. Es ist Ihnen, meine Herren, erinnerlich, dass die japanische Regierung die frühere Silberwährung auf einer Grundlage von 33 Theilen Silber zu 1 Theile Gold in eine Goldwährung umgestaltet hat. Dieses Verhältniss entspricht einem Sichtkurse auf London von $2/0^1/_2$ d, auf Hamburg ℳ. 2.08 per 1 Yen. Nun ist aber der heutige Kurs noch nicht bis auf diese Höhe hinaufgerückt, sondern wir stehen heute auf $2/0^5/_{16}$ d resp. ℳ. $2.06^1/_2$. Es darf erwartet werden, dass der Kurs sich noch um $^3/_{16}$ d oder $1^1/_2$ ℳ. bessern wird, sobald die leitenden Finanzkreise Europas noch mehr Vertrauen zu der japanischen Goldwährung gefasst haben. Es wird hoffentlich der japanischen Regierung gelingen, durch eine stetige und vorsichtige Bankpolitik diesen Unterschied in den Kursen auszugleichen bezw. das Vertrauen zu seiner Finanzpolitik noch mehr zu befestigen.

Nach einer über zehnjährigen Bankthätigkeit in Deutschland, England und Frankreich kann ich mich nach eingehender Prüfung der einschlägigen Verhältnisse der Wahrnehmung nicht verschliessen, dass das Bedürfniss für ein deutsches Bankinstitut in Japan ein sehr dringendes ist. Will der deutsche Kaufmann mit den Engländern, Amerikanern und anderen Nationen gleichen Schritt halten, so darf er hier nicht zurückstehen. Erwähnen möchte ich noch, dass ein Bedürfniss für Incassi und Auszahlungen in Deutschland, der Schweiz und Oesterreich und ebenfalls für telegraphische Ueberweisungen nach diesen Ländern besteht, und dass doch gewiss zu erwarten ist, dass dieser Bankverkehr zum grössten Theile einer deutschen Bank zufallen wird. Diese könnte die auffallenderweise von den jetzt hier etablirten Banken stiefmütterlich behandelte Markwährung, welche, auf dem Centesimalsystem beruhend, doch viel einfacher ist, als die englische, heben und ihr den andern Valuten gegenüber mehr Geltung verschaffen. Die englischen Banken geben stets günstigere Kurse in £ als in Mark, kein Wunder also, dass die Markwährung bei der Ertheilung von Rimessen in den Hintergrund gedrängt wird. Bei der Wichtigkeit der grossen deutschen Bankplätze Berlin, Hamburg und Frankfurt ist dies ein unwürdiges Verhältniss und muss hier entschieden Wandel geschafft werden. Der Beweis für die ungünstige Behandlung der Markwährung liegt in folgendem Beispiel:

Kurszettel: Sicht auf London 2/0 $^3/_8$ d,
„ „ Hamburg ℳ 2.06,
Umrechnung 1 £ = 240d = ℳ 20.40,
2/0$^3/_8$ d = 24$^3/_8$ d ca. 20.40 = ℳ 2.07.

Demnach geben die Banken einen um $^1/_2$ % ungünstigeren Kurs auf Deutschland.

Eine deutsche Bank würde auch in den Verkehr mit soliden japanischen Firmen in Bezug auf Gewährung von Vorschüssen auf Waarenläger treten können. Früher konnten viele japanische Läger nicht versichert werden, weil die Bauart der Holzhäuser grosse Feuersgefahr in sich schloss. Vor mehreren Jahren haben jedoch japanische Lagerhaus-Gesellschaften den Bau grosser Stein-Lagerhäuser in Angriff genommen, und können die Lagerhäuser und deren Inhalt an Reis und sonstigen Waarenlägern nicht nur bei japanischen und europäischen Versicherungsgesellschaften versichert werden, sondern man erhält auch Vorschüsse auf diese Läger sowohl von europäischen wie auch von japanischen Banken. Fortwährend werden neue Lagerhäuser aus Mauersteinen oder sonstigem festen Steinmaterial gebaut, sowohl in der Nähe von Hiogo-Osaka wie auch von Yokohama-Tokio. Die Versicherungsprämien auf Versicherungen gegen Feuersgefahr schwanken zwischen $3/16$ und $1/4 \%$ je nach Bauart und Lage der betr. Lagerhäuser.

Was das Depositengeschäft anbelangt, so nehme ich an, dass dasselbe von einer neuen deutschen Bank mit Erfolg betrieben werden kann, denn schon jetzt versuchen japanische Kapitalisten ihre Staatspapiere, neben der schon erwähnten Kriegsanleihe, bei europäischen Banken zu hinterlegen, um Vorschüsse darauf zu erhalten. Ob derartige Geschäfte bis jetzt zu Stande gekommen sind, kann ich nicht sagen; dass sie angeboten wurden, ist aber eine Thatsache.

Die neue Bank würde sich auch einen grossen Antheil am Wechselgeschäft zwischen China, Indien, den Straits Settlements und Japan zu Nutze machen können. Diese Art von Bankverkehr ist in den letzten Jahren in Folge der grossen Ausdehnung des japanischen Import- und Exportgeschäfts mit den andern ostasiatischen Märkten ein ausserordentlich bedeutender geworden. Ferner müsste sich die zu gründende deutsche Bank bestreben, gute Beziehungen zur japanischen Regierung zu unterhalten und zu pflegen, um sich einen Antheil am zukünftigen Anleihegeschäft und an sonstigen Geldgeschäften der Regierung zu sichern.

Eine deutsche Ueberseebank in Japan würde sich natürlich den in Japan vorherrschenden Verhältnissen anzupassen haben, vor Allem müsste sie, wie z. B. die Deutsche Ueberseeische Bank in Buenos Aires, welche sich einer grossen

Bedeutung erfreut, selbständig arbeiten. Ich will damit sagen, dass es meiner Ansicht nach ein verfehltes Unternehmen sein würde, eine **Filiale der Deutsch-Asiatischen Bank in Shanghai** zu gründen, denn eine solche Zweigbank würde zweifellos von der Direction in Shanghai abhängig sein, d. h. ihre eventuellen Weisungen von dort empfangen.

Eine deutsch-japanische Ueberseebank müsste demnach ihre eigenen, den Verhältnissen in Japan entsprechenden Einrichtungen besitzen.

Als selbstverständlich setze ich voraus, der Bank einen juristischen Beistand zu verleihen, welcher im japanischen Recht Bescheid weiss; ein solcher ist hier nicht schwer zu finden. Die Bank müsste mit einem Kapital von mindestens **10 000 000 Yen** gegründet werden, um mit Aussicht auf Erfolg arbeiten zu können, und es unterliegt kaum einem Zweifel, dass die Actien der Bank in Berlin, Hamburg und Frankfurt genügend Zeichner finden. Den in Japan lebenden Deutschen sowie japanischen Kapitalisten müsste auch Gelegenheit zum Zeichnen gegeben werden. Die zu gründende Bank könnte den Namen **Deutsch-Japanische Bank** führen und damit der Unterstützung der grossen japanischen Firmen im Bankverkehr sicher sein.

Seitens der Deutschen in Japan wird schmerzlich eine **deutsche Zeitung** entbehrt, und wiederholte Versuche, eine solche zu gründen, blieben erfolglos, da es an den nöthigen Mitteln fehlte. Die Zahl der in Japan anwesenden Deutschen ist gross genug, um eine Zeitung mit Erfolg herausgeben zu können, doch hat es bisher leider an der **nöthigen Einigkeit in den Bestrebungen** gefehlt.

Es wäre sehr zu wünschen, dass die deutsche Regierung durch Uebernahme einer gewissen Anzahl von Exemplaren oder durch Garantie einer jährlichen Summe eine zu gründende deutsche Zeitung unterstützt, welche dann zugleich die Interessen der deutschen Ueberseebank in Japan öffentlich vertritt. Solche Unterstützung würde voraussichtlich nur für die ersten Jahre nöthig sein, da die Zeitung sich nach und nach viele Abnehmer in Deutschland selbst erwerben würde, und zwar in solchen Kreisen, die am Japangeschäft Interesse haben.

Zum Schlusse meiner Rede möchte ich noch auf Einiges hinweisen. Man wird mir vielleicht entgegnen, wir Deutschen hätten kein Interesse daran, die Industrie eines fremden Landes zu heben, dessen Absatzgebiet sich nicht auf Ostasien, Amerika und Australien beschränkt, sondern auch auf Europa ausdehnt. Meine Herren, ich bin anderer Ansicht. Deutschland muss, wenn es seine wichtige Stellung, die es im Handel Ostasiens schon jetzt einnimmt, behaupten und weiter ausdehnen will, an der volkswirthschaftlichen und industriellen Entwickelung Japans den regsten Antheil nehmen. Mit anderen Worten: Es muss sich bei der Hebung der Kaufkraft des Landes betheiligen, soweit dies im Rahmen seiner eigenen Interessen möglich ist.

Eine deutsche Bank würde einerseits durch Herbeischaffung von Kapital nach Japan dieses Land kaufkräftiger machen und dadurch der deutschen Industrie wie dem deutschen Handel überhaupt ein erweitertes Arbeitsfeld in Japan sichern. Indem Japan sich die abendländische Cultur anzueignen bestrebt ist, wird die internationale Arbeitstheilung, mithin auch die nutzbringende Ausfuhr anderer Länder, gefördert. Das Wachsthum inländischen Consums und inländischer Kaufkraft in Japan gehen Hand in Hand mit der Erweiterung unserer Absatzgebiete. Kaufte Japan früher mehr fertige Fabrikate, so wird es, wie auch jetzt schon zum Theil, in Zukunft halbfertige Fabrikate und Rohprodukte einführen; namentlich der Maschinen-Industrie bietet sich noch ein ungeheures Arbeitsfeld in Japan, wovon ich mich persönlich überzeugt habe. Nach Inkrafttreten der neuen Handelsverträge ist eine Vermehrung der Fabriken zu erwarten, namentlich in der Textilindustrie. Auch die Europäer werden sich nicht abhalten lassen, Fabriken im Innern des Landes zu errichten, und der Bedarf an Maschinen wird ein sehr grosser sein.

Wir müssen uns auf jeden Fall einen grossen Theil der Maschinenlieferungen erwerben, damit nicht bis auf einen kleinen Bruchtheil alles nach England und Amerika geht, wie früher. Auch hier würde uns **eine deutsche Bank** helfend zur Seite stehen.

Die Grossmächte haben es leider nicht durchsetzen können, den Fremden in den neuen Verträgen die Erwerbung von Grund und Boden auszuwirken. Die Eintragungsfähigkeit von Hypotheken konnte aber doch von der deutschen Regierung bewirkt werden, und gebührt ihr dafür der Dank aller in Japan ansässigen Europäer. Die Hypothekeneintragung ersetzt ja noch lange nicht den Besitztitel, ist aber doch eine Art Sicherstellung. Kauft z. B. ein Europäer Grund und Boden auf den Namen eines Japaners, so kann er die Summe hypothekarisch im Grundbuche eintragen lassen.

Wie Sie wissen, meine Herren, können die Verträge nicht vor Juli 1899 in Kraft treten, vorausgesetzt, dass bis dahin die französische Regierung, sowie diejenige von Oesterreich-Ungarn dieselben mit unterzeichnet haben. Es scheint, dass die französische Regierung den Standpunkt angenommen hat, ihren Staatsangehörigen und damit auch den Angehörigen der anderen Vertragsmächte bessere Bedingungen herauszuholen.

Es steht zu hoffen, dass die deutsche Regierung der Gründung einer deutschen Ueberseebank in Japan wohlwollend gegenübersteht, und zwar wäre es am Platze, schon baldigst sich mit dieser wichtigen Frage ernstlich zu beschäftigen, um schon vor Inkrafttreten der neuen Verträge einen Entschluss verwirklicht zu haben, zumal seitens anderer Nationen schon einleitende Schritte zu ähnlichen Zwecken gethan sind.

Von allergrösster Wichtigkeit für die Weltmachtstellung Deutschlands ist eine wesentliche Ausdehnung seiner Flotte, und möge ein hoher Reichstag die dazu nöthigen Mittel bewilligen. Es wirkt geradezu verblüffend auf das Ausland, wenn seitens gewisser Parteien der Standpunkt vertreten wird, als seien die ausserhalb der schwarz-weiss-rothen Grenzpfähle wohnenden Deutschen überhaupt keine Deutschen mehr. Die Zugehörigkeit zu einem Volke ist doch nicht vom Wohnsitz oder Aufenthaltsort abhängig, mithin keine Frage der Geographie!

Meine Herren, ich schliesse meinen Vortrag in der Zuversicht, dass die zur Stärkung des Deutschthums in Japan unbedingt nöthige Gründung einer deutschen Ueberseebank überall das richtige Verständniss finden wird.

Firmenverzeichniss.

Yokohama.

H. Ahrens & Co. Nachf.
Becker & Co.
L. Boehmer & Co.
Boyes & Co.
Brettschneider & Büller.
J. G. Doering.
H. Grauert.
Gröfser & Co.
Helm, Gebr.
C. Illies & Co.
H. Koch.
Koch & Co.
Langfeldt & Co.
Lohmann & Co.
A. Meier & Co.
H. C. Morf & Co.
B. A. Münster.

A. Oestmann.
M. Raspe & Co.
Otto Reimers & Co.
Fr. Retz & Co.
Carl Rohde & Co.
J. Schädel, Dt. Apotheke.
Paul Schramm.
F. Schröder.
R. Schueffner.
Ad. Schultze.
Siemens & Halske.
Simon Evers & Co.
G. Stadelman & Co.
C. Weinberger & Co.
Winkler & Co.
Worch & Co.

Kobe.

H. Ahrens & Co. Nachf.
Becker & Co.
Ch. Brüss.
Brettschneider & Büller.
Delacamp & Co.
Faber & Voigt.
Greppi & Co.
C. Illies & Co.
Koch & Co.
A. Meier & Co.
H. C. Morf & Co.

C. Nickel & Co.
A. Oestmann.
Popp & Co.
M. Raspe & Co.
Reimers & Reiff.
Otto Reimers & Co.
Carl Rohde & Co.
Simon Evers & Co.
Edmund Stucken.
Winckler & Co.
Worch & Co.

Tokio.

Siemens & Halske.
M. Raspe & Co.
Mosle & Co.
C. Illies & Co.

F. N. Bögel.
Carl Rohde & Co.,
unter japan. Namen:
Sasga & Co.

Nagasaki.

C. E. Böddinghaus.

Moji.

M. Raspe & Co.

Deutsch-Schweizer Firmen. (Yokohamaer Seidengeschäfte.)

Bavier & Co.
Herb & Co.

Nabholz & Osenbrüggen.
Siber & Brennwald.

H. Klingen & Co. (Holländer).

Anhang.

Die Tabellen auf Seite 61—71 stammen aus dem Kaiserl. japanischen Finanzministerium und verdanke ich dieselben der freundlichen Mitwirkung des Herrn Finanzdirectors Soyeda.

— 61 —

Umsatz bei den Nationalbanken.

Jahre	Gesammtumsatz Yen	Depositen Yen	Vorschüsse (loans) Yen	Geld-überweisungen Yen	Vorschuss-tratten (auf Waaren) Yen	Tratten Yen	Diverse Wechsel Yen
1877	366,268,847	30,599,422	27,197,347	9,890,325	2,336,505	2,300,203	—
1878	730,781,897	71,744,692	58,915,948	25,336,704	5,536,470	7,602,900	—
1879	1,310,550,391	223,090,851	93,796,447	49,840,207	8,849,801	8,705,418	—
1880	1,663,358,265	317,969,732	147,618,580	92,346,568	11,743,932	13,218,215	2,631,049
1881	2,286,805,133	427,665,843	209,603,481	116,084,384	18,479,225	28,208,926	2,862,924
1882	2,194,123,296	460,954,632	205,271,286	102,970,550	12,221,807	26,132,094	2,943,846
1883	2,086,441,154	399,734,037	174,622,774	88,363,037	9,261,125	25,634,033	2,636,224
1884	2,209,643,350	431,834,031	167,055,275	100,515,655	9,756,794	38,536,382	3,115,415
1885	2,150,826,990	435,165,805	148,133,274	98,550,564	12,876,945	27,883,651	5,557,437
1886	2,552,301,344	521,872,515	161,072,140	110,833,470	20,373,061	43,365,569	9,943,063
1887	2,833,752,672	536,577,813	199,363,029	113,866,511	20,849,227	67,942,433	8,497,797
1888	3,040,281,897	563,006,240	232,987,384	132,657,653	21,569,713	78,586,614	18,759,646
1889	3,483,206,253	597,416,331	279,138,135	149,092,592	25,920,782	99,775,103	28,296,301
1890	3,626,816,696	503,312,238	314,146,443	163,865,423	26,152,669	111,425,607	27,286,120
1891	3,643,744,628	509,572,433	296,691,829	166,742,368	31,206,527	124,468,416	30,342,789
1892	4,102,699,493	641,276,406	318,389,990	182,962,494	36,946,233	158,456,633	45,037,392
1893	5,448,390,122	783,558,976	384,117,103	208,487,836	41,540,979	229,539,203	56,632,067
1894	6,436,636,793	914,326,535	450,819,214	501,887,518	110,125,123	275,353,347	64,684,104
1895	7,078,823,296	1,049,963,549	518,363,525	597,952,659	133,914,463	290,064,409	75,140,163
1896	6,409,387,311	1,009,090,921	523,411,975	564,765,477	99,317,767	369,273,414	74,673,757

Kapital und Gewinne der Nationalbanken.

Jahre	Anzahl der Banken	Anzahl der Filialen	Kapital (a) Yen	Verausgabte Noten Yen	Reservo (b) Yen	Netto-Ueberschuss Yen	Dividende Yen	Dividende verglichen mit (a) u. (b) Procent	Dividende verglichen mit (a) Procent
1873	1	—	2,440,000	1,362,210	—	13,551	54,915	3.83	2.25
1874	4	—	3,432,000	1,995,000	29,253	316,744	272,044	10.36	8.19
1875	4	—	3,450,000	1,420,000	62,002	343,891	256,295	9.81	7.43
1876	4	—	2,250,000	1,744,000	81,599	390,631	289,306	15.79	12.08
1877	26	19	22,086,100	13,352,751	137,080	1,540,600	1,333,183	13.95	11.56
1878	95	39	33,596,063	26,279,006	378,484	3,033,780	2,950,443	13.21	10.84
1879	151	82	40,616,063	34,046,014	881,720	5,613,981	4,619,423	13.97	11.72
1880	151	103	43,041,100	34,426,351	1,665,257	6,593,775	5,443,994	14.97	12.77
1881	148	110	43,886,100	34,396,818	2,716,908	7,394,519	5,900,538	16.06	13.54
1882	143	121	44,206,100	34,385,349	3,786,836	7,558,239	5,973,831	15.89	13.59
1883	141	122	44,386,100	34,275,735	4,259,590	6,569,120	5,576,631	13.69	12.76
1884	140	124	44,536,100	31,015,942	4,620,631	6,061,943	5,166,515	12.65	11.92
1885	139	119	44,456,100	30,273,195	5,050,216	6,033,627	5,142,006	12.43	11.78
1886	136	122	44,416,100	29,457,049	5,706,696	5,967,760	4,901,775	12.15	11.13
1887	136	134	45,828,851	28,566,735	6,016,153	6,318,824	4,941,545	12.92	11.08
1888	135	140	46,874,639	27,643,771	7,741,923	8,005,448	4,907,250	15.09	11.24
1889	134	149	45,171,100	26,710,268	9,600,590	7,407,640	5,040,660	13.19	11.34
1890	134	149	48,644,662	25,810,720	12,362,465	7,871,904	5,364,872	13.49	11.85
1891	134	145	48,704,100	24,846,479	13,671,073	7,939,279	5,353,828	13.17	11.47
1892	133	140	48,325,600	23,754,984	15,222,432	7,446,156	5,242,189	13.07	11.26
1893	133	153	48,416,100	22,644,046	16,056,368	7,312,417	5,226,951	11.53	10.86
1894	133	157	48,691,100	22,180,300	17,591,697	8,652,096	5,502,557	13.25	11.43
1895	133	180	48,951,100	20,796,786	19,209,040	8,652,302	5,816,636	12.66	11.94
1896	121	165	44,761,770	16,439,023	34,196,367	28,079,325	5,410,281	35.56	12.09

Geschäftsverkehr der Specie-Bank bei der Centrale und der Filiale in Kobe.

Jahre	Deposíten Yen	Darlehen Yen	Wechsel		Discont-Wechsel		Incassi	
			Inländische Wechsel Yen	Devisen oder fremdl. Wechsel Yen	inländische Yen	fremde Yen	inländische Yen	fremde Yen
1880	11,399,120	7,299,890	121,615	326	73,307	65,096	97,331	—
1881	27,752,080	11,712,820	2,228,030	112,210	1,331,139	—	132,088	—
1882	40,141,738	17,154,175	617,273	4,302	440,433	4,000	136,672	2,687
1883	51,954,470	27,873,726	1,676,033	232,216	386,551	—	654,732	—
1884	77,981,981	14,314,725	3,467,951	1,167,740	1,770,044	911,278	409,502	—
1885	80,954,554	46,901,294	3,542,111	2,740,530	2,158,566	1,220,235	404,363	1,353,069
1886	28,107,159	17,614,831	426,970	2,961,121	4,287,541	3,493,091	291,899	—
1887	54,029,430	20,049,812	1,173,885	14,078,185	7,611,628	21,037,224	102,170	144
1888	57,433,853	22,035,377	1,292,015	15,332,081	6,031,596	20,918,012	119,170	148
1889	59,442,953	22,173,265	1,354,072	18,760,450	3,488,929	25,600,887	1,922,927	30,000
1890	64,840,364	23,838,900	1,377,778	15,923,925	8,812,665	19,617,229	589,232	5,157
1891	52,529,201	29,316,114	2,088,547	14,969,836	15,255,476	22,042,683	1,263,248	6,050
1892	65,150,568	33,402,204	1,426,613	8,898,847	19,010,497	21,893,618	2,403,663	4,552
1893	95,333,054	30,545,540	1,448,715	5,421,896	13,881,620	20,795,242	665,275	—
1894	188,835,741	37,183,417	2,059,752	17,321,270	22,067,182	31,223,032	939,850	400,638
1895	269,210,404	38,985,776	2,539,254	16,783,670	22,948,516	59,352,719	4,377,435	410,006
1896	250,534,662	53,797,149	10,365,262	30,318,275	42,991,725	111,724,012	25,705,386	

Geschäftsverkehr der Specie-Bank bei der Filiale in London.

Jahre	Depositen £	Darlehen £	Wechsel			Discont-Wechsel		Incassi	
			Inländische Wechsel £	Fremde Wechsel (Devisen) £	inländische £	fremde £	inländische £	fremde £
1885	23,022	—	3,086	1,031	52,416	165	1,001	—
1886	68,137	—	9,504	1,895	25,927	—	981	—
1887	264,960	—	8,658	13,150	397,777	2,466	166	—
1888	855,692	—	391,252	10,041	1,492,939	2,580	3,760	9,812
1889	747,483	37,055	69,331	24,992	1,360,681	284	2,082	1,481
1890	2,523,914	50,222	51,460	87,401	1,740,987	191,567	180	—
1891	2,339,738	80,760	95,584	214,572	947,087	342,031	291	—
1892	2,373,311	80,629	122,787	74,367	1,133,769	346,816	3,340	—
1893	1,145,845	28,500	110,818	104,363	1,888,772	424,711	4,266	—
1894	2,546,183	138,500	282,350	44,946	1,835,996	215,048	1,202	37
1895	2,872,846	7,590	588,210	407,460	1,740,191	534,965	1,557	605
1896	27,847,234	1,425,524	282,476	1,737,425	2,697,726	319,936	7,425	1,740

— 65 —

Kapital und Gewinne der Speele-Bank.

Jahre	(a.) Juni (b.) Dec.	Kapital (c.) Yen	Reserve (d.) Yen	Ein- und Ausgang Yen	Netto-Gewinn (e.) Yen	Dividende Yen	Procent von e gegen c u. d Yen	Per Actie speciolle*) Dividende Procent	allgemeine Dividende Procent
1880	a.	3,000,000	—	—	—	—	—	—	—
1880	b.	3,000,000	—	86,493,090	167,292	127.900	5.576	3.790	4.500
1881	a.	3,000,000	7,100	52,740,590	153,256	110,000	5.096	3.000	4.000
1881	b.	3,000,000	49,300	78,434,856	160,188	120,000	5.253	3.000	4.000
1882	a.	3,000,000	70,400	71,518,462	168,641	120,000	5.492	3.000	4.500
1882	b.	3,000,000	112,600	73,380,352	140,606	110,000	4.517	3.000	4.000
1883	a.	3,000,000	—	93,720,050	142,696	120,000	4.755	3.000	4.900
1883	b.	3,000,000	—	189,462,888	236,508	170,000	7.883	3.000	7.000
1884	a.	3,000,000	—	186,006,473	232,065	180,000	7.736	3.000	7.500
1884	b.	3,000,000	—	212,627,390	319,138	200,000	10.638	4.000	8.000
1885	a.	3,000,000	—	315,684,800	815,952	200,000	27.198	4.000	8.000
1885	b.	3,000,000	510,542	263,684,286	523,440	200,000	14.915	4.000	8.000
1886	a.	3,000,000	740,871	291,992,417	462,952	200,000	12.910	4.000	8.000
1886	b.	3,000,000	941,000	441,643,283	470,065	200,000	11.928	4.000	8.000
1887	a.	3,750,000	1,110,000	385,902,847	620,972	200,000	12.777	4.000	8.000
1887	b.	4,500,000	2,130,000	417,685,832	643,390	371,250	9.074	9.000	9.000
1888	a.	4,500,000	2,960,000	375,152,492	788,841	450,000	10.574	10.000	10.000
1888	b.	4,500,000	3,530,000	418,618,862	576,378	450,000	7.177	10.000	10.000
1889	a.	4,500,000	3,582,000	399,923,596	477,473	360,000	5.907	8.000	8.000
1889	b.	4,500,000	3,628,000	467,658,190	468,046	360,000	5.736	8.000	8.000
1890	a.	4,500,000	3,672,000	456,080,452	375,612	360,000	4.596	8.000	8.000
1890	b.	4,500,000	3,557,800	427,080,105	373,018	360,900	4.629	8.000	8.000
1891	a.	4,500,000	3,511,260	461,072,271	608,267	315,000	7.586	7.000	7.000
1891	b.	4,500,000	3,552,900	516,764,953	478,204	315,000	5.938	7.000	7.000
1892	a.	4,500,000	3,479,000	621,530,258	728,247	315,000	9.127	7.000	7.000
1892	b.	4,500,000	3,526,000	764,914,762	615,242	315,000	7.665	7.000	7.000
1893	a.	4,500,000	3,646,000	570,007,378	452,208	315,000	5.551	7.000	7.000
1893	b.	4,500,000	3,688,300	857,863,813	549,199	315,000	6.707	7.000	7.000
1894	a.	4,500,000	3,733,300	917,361,296	515,012	337,500	6.255	7.500	7.500
1894	b.	4,500,000	3,820,000	1,161,391,649	589,120	337,500	7.080	7.500	7.500
1895	a.	4,500,000	3,928,000	898,415,581	535,869	337,500	6.360	7.500	7.500
1895	b.	4,500,000	4,020,000	1,465,599,220	634,759	337,500	7.440	7.500	7.500
1896	a.	4,500,000	4,130,000	2,199,364,095	670,510	337,500	7.074	7.500	7.500
1896	b.	6,000,000	5,760,000	2,523,102,924	987,080	403,125	8.393	7.500	7.500

*) Unter specieller Dividende ist diejenige zu verstehen, welche an die Regierung, bezw. an die Krone zu zahlen ist.

Höchster (a) und niedrigster (b) monatlicher

Datum	1883		1884		1885		1886		1887		1888	
	a.	b.	a.	b.	a.	b.	a.	b.	a.	b.	a.	b.
	%	%	%	%	%	%	%	%	%	%	%	%
Januar	—	—	8	8	9	9	7	7	7	5.50	6	6
Februar	—	—	9	8	10	10	7	7	6,25	5,50	6	6
März	—	—	9	8	10	10	7	7	6,25	5,50	6	5 80
April	—	—	9	8	9	8	7	6.30	5,66	5,11	5,80	5,80
Mai	—	—	8	8	8	8	6,30	5,50	5 50	5,11	6	5,80
Juni	—	—	9	8	8	8	5 50	5	5,30	5,11	6,30	6
Juli	10	9	9½	8	8	7	5,50	4,80	5 84	5,11	6,30	6 30
August	10	8	9½	8	8	7	5,50	4 80	5.84	5,50	6,60	6,30
September	9	8	9½	8	7	7	5,50	4,80	5,84	5,50	6,80	6,60
October	9	8	9	5½	7	7	6,20	5	6,20	5,50	6,80	6 60
November	9	8	9½	8½	7	7	6,20	5,70	6,20	5,50	6,80	6.60
December	8	8	11	9	7½	7	6,20	5,70	6,20	5,50	6,80	6,60

Höchster (a) und niedrigster (b) monatlicher

Datum	1883		1884		1885		1886		1887		1888	
	a.	b.	a.	b.	a.	b.	a.	b.	a.	b.	a.	b.
	%	%	%	%	%	%	%	%	%	%	%	%
Januar	..	..	7,30	7,30	8,80	8,80	6,90	6,90	6 57	5,48	5,84	5,84
Februar	..	..	7,30	7,30	9 50	9,50	6,90	6 90	5,84	5,48	5,84	5 84
März	..	..	8	7,30	9,50	9,50	6.90	6,90	5,84	5,48	5,84	5 48
April	..	..	7,30	5,50	9 50	8,40	7	6 20	5,48	5,41	5 48	5 48
Mai	..	..	6,60	5,50	8,40	8,00	6,20	5,50	5,48	5,11	5,84	5 48
Juni	..	..	6,60	5,50	8,00	8,00	5,50	4,90	5,48	5,11	6,22	5,84
Juli	8,03	8,03	7,70	5,50	8,40	8,40	5,10	4,90	5,84	5,11	6,22	6,22
August	8,03	8,03	8,10	5,30	8,40	6,90	5,10	4,90	5,84	5,47	6,59	6 22
September	8 03	7,30	8,10	5,50	6,90	6,90	5,10	4,90	5,84	5,47	6,77	6,59
October	8,03	8,03	8,10	6 60	6,90	6,90	5 80	4,90	5,84	5,47	6,77	6,59
November	7,50	7,30	8,80	5 50	6,90	6,90	5 80	5,40	6,20	5,47	6,77	6 59
December	7,66	7	12	8,80	6,90	6,90	5 80	5,40	6,20	5,47	6,77	6,59

Zinsfuss der Bank von Japan.

1889		1890		1891		1892		1893		1894		1895		1896	
a.	b.	a.	b.	a.	b.	a.	b.	a.	b.	a.	b.	a.	b.	a.	b.
%	%	%	%	%	%	%	%	%	%	%	%	%	%	%	%
6,60	6,60	7,30	7,30	7,48	7,48	6,66	6,66	6,30	6,30	7,20	6,84	10,68	9,38	9,97	8,50
6,40	6,20	7,30	7,30	7,48	7,48	6,66	6,66	6,30	6,30	7,56	7,20	10,62	9,33	9,97	8,51
6,20	6,20	7,30	7,30	7,75	7,48	6,66	6,66	6,30	6,12	7,56	7,56	10,50	9,31	9,81	8,44
6,20	6,20	7,30	7,30	7,75	7,75	6,66	6,66	6,12	6,12	7,56	7,56	10,57	9,33	9,83	8,45
6,40	6,40	7,30	7,30	7,57	7,11	6,66	6,66	6,12	6,12	7,56	7,56	10,69	9,30	9,61	8,34
6,60	6,60	7,48	7,20	7,11	7,11	6,66	6,66	6,12	6,12	7,92	7,56	10,64	9,35	9,60	8,31
6,60	6,60	7,20	7,11	7,11	6,66	6,66	6,66	6,12	6,12	8,28	7,92	10,48	9,20	9,53	8,30
6,80	6,80	7,02	6,93	6,66	6,66	6,66	6,66	6,12	6,12	8,28	8,28	10,15	8,72	9,78	8,76
7	6,80	7,02	6,93	6,57	6,47	6,66	6,66	6,12	6,12	8,28	8,28	9,89	8,72	10,07	8,83
7	7	7,20	6,93	6,47	6,47	6,66	6,66	6,12	6,12	8,28	8,28	9,78	8,47	10,51	9,16
7	7	7,39	7,39	6,47	6,47	6,66	6,20	6,84	6,12	8,28	8,28	9,67	8,47	10,40	9,16
7	7	7,06	7,39	6,60	6,47	6,66	6,66	6,84	6,84	8,28	8,28	9,93	8,50	10,66	9,42

Discontsatz der Bank von Japan.

1889		1890		1891		1892		1893		1894		1895		1896	
a.	b.	a.	b.	a.	b.	a.	b.	a.	b.	a.	b.	a.	b.	a.	b.
%	%	%	%	%	%	%	%	%	%	%	%	%	%	%	%
6,57	6,57	7,84	7,84	6,99	6,99	6,49	6,49	5,76	5,76	6,48	6,12	11,17	9,64	10,22	9,02
6,38	6,02	7,84	7,84	6,99	6,99	6,49	6,49	5,76	5,76	6,84	6,48	11,17	9,53	10,22	9,02
6,02	6,02	7,84	7,84	7,35	6,99	6,49	6,49	5,76	5,04	6,84	6,84	11,21	9,20	10	8,34
6,02	6,02	7,84	7,84	7,35	7,35	6,49	6,49	5,76	5,76	6,84	6,84	11,06	9,60	9,82	8,32
6,38	6,02	7,72	7,72	7,35	6,93	6,49	6,49	5,76	4,68	6,84	6,84	10,99	9,89	9,67	8,21
6,57	6,38	7,11	6,93	7,35	7,35	6,49	6,49	5,76	5,76	7,20	6,84	11,79	9,67	9,93	8,32
6,57	6,57	6,93	6,62	7,35	6,50	6,49	6,49	5,76	5,76	7,56	7,20	10,91	9,13	9,93	8,43
6,76	6,57	6,93	6,62	7,35	7,35	6,49	6,49	5,76	5,76	7,56	7,56	10,44	8,80	9,96	8,50
6,93	6,75	6,93	6,62	7,35	6,20	6,49	6,49	5,40	4,68	7,56	7,56	10,18	8,50	10,33	8,87
6,93	6,93	7,11	6,62	7,35	7,35	6,49	6,49	5,40	5,40	7,56	7,56	10,00	8,47	10,84	9,27
6,93	6,93	7,11	6,99	7,35	7,35	6,49	6,02	6,12	5,40	7,56	7,56	10,00	8,65	10,88	9,42
6,93	6,93	7,11	6,99	6,50	6,20	6,49	6,49	6,12	6,12	7,56	7,56	10,26	8,58	10,95	9,53

— 68 —

Der Notenumlauf und die Metalldeckung der Bank von Japan.

Jahre	a. Juni b. Dec.	Goldmünzen und Barren Yen	Silbermünzen und Barren Yen	Metallbestand Yen	Von Unterlagen an Staatspapieren etc. etc. Yen	Notenausgabe Yen	Bankbestand Yen	Noten in Umlauf Yen
1885	a.	—	3,801,330	3,801,330	—	3,801,330	—	3,801,330
1885	b.	—	3,311,461	3,311,461	644,700	3,956,161	—	3,956,161
1886	a.	50,000	11,010,894	11,060,894	7,983,725	19,044,620	442,469	18,602,151
1886	b.	61,994	23,793,243	23,855,237	15,694,577	39,549,815	504,092	39,045,723
1887	a.	61,994	24,330,674	24,392,668	17,408,531	43,801,200	4,083,166	39,718,034
1887	b.	61,994	31,517,910	31,579,904	21,874,898	53,454,803	50,990	53,403,813
1888	a.	61,994	30,446,824	30,508,818	20,199,871	50,708,690	1,405,810	49,302,880
1888	b.	14,751,788	30,271,083	45,022,871	20,747,709	65,770,580	1,637,734	64,132,846
1889	a.	16,322,417	29,706,079	46,028,496	18,471,353	64,499,849	3,129,014	61,370,835
1889	b.	25,550,722	31,258,577	57,409,299	3,699,353	79,108,652	4,811,647	74,297,005
1890	a.	24,295,247	26,431,590	50,726,837	22,159,353	72,886,190	3,951,280	68,934,910
1890	b.	24,303,710	19,628,702	44,622,413	58,308,353	102,931,766	27,222,609	75,709,157
1891	a.	26,727,692	26,496,483	53,224,175	44,098,611	97,322,786	27,740,745	69,582,041
1891	b.	27,389,292	35,889,141	63,178,333	52,556,212	115,734,545	22,960,553	92,773,992
1892	a.	22,742,200	42,365,846	65,108,048	40,237,464	105,343,512	22,088,318	83,255,194
1892	b.	21,806,200	59,352,065	81,158,265	44,685,094	125,843,363	19,349,905	106,493,458
1893	a.	21,806,200	65,699,824	87,506,024	36,035,713	123,541,737	20,381,015	103,160,722
1893	b.	21,806,200	64,122,316	85,928,516	62,734,612	148,663,128	25,317,704	123,145,424
1894	a.	21,806,200	57,826,788	79,632,988	62,103,370	141,736,358	26,410,625	115,325,733
1894	b.	32,344,954	49,373,337	81,718,291	68,095,409	149,813,700	10,701,994	139,111,706
1895	a.	30,627,000	34,258,149	64,885,149	78,198,514	143,083,663	9,645,471	133,433,192
1895	b.	31,510,800	28,859,997	60,370,797	119,966,018	180,336,815	10,414,549	169,922,266
1896	a.	80,952,800	26,228,279	107,181,079	64,513,800	171,694,879	10,450,260	161,244,619
1896	b.	90,935,471	41,794,721	132,730,192	65,583,704	198,313,896	7,205,460	191,108,436

(Nach 1891 sind die der Regierung geliehenen 22 Mill. Yen in den Bankbestand eingeschlossen.)

— 69 —

Notenausgabe der Bank von Japan.

Jahre	a. Juni b. Dec.	1 Yen-Noten Yen	5 Yen-Noten Yen	10 Yen-Noten Yen	100 Yen-Noten Yen	Gesammt- Summe Yen
1885	a.	—	—	3,801,330	—	3,801,330
1885	b.	281,661	—	2,820,900	853,600	3,956,161
1886	a.	7,316,335	4,572,285	5,808,100	1,347,900	19,044,620
1886	b.	17,824,200	10,370,615	10,120,800	1,234,200	39,549,815
1887	a.	21,717,470	10,393,950	10,257,180	1,432,600	43,801,200
1887	b.	32,378,648	8,921,515	10,705,740	1,446,900	53,454,803
1888	a.	32,859,645	8,926,535	8,236,390	686,100	50,708,690
1888	b.	43,095,965	10,677,645	10,771,570	1,225,400	65,770,580
1889	a.	42,927,999	10,221,650	10,342,000	1,008,200	64,499,849
1889	b.	45,093,252	20,987,790	11,456,010	1,571,600	79,108,652
1890	a.	44,030,665	18,303,775	9,514,550	1,037,200	72,886,190
1890	b.	50,269,241	34,586,125	16,569,800	1,506,600	102,931,766
1891	a.	47,576,111	33,330,115	15,364,760	1,051,800	97,322,786
1891	b.	51,047,575	37,989,805	24,189,365	2,507,800	115,734,545
1892	a.	48,387,132	32,720,000	21,013,380	3,223,000	105,343,512
1892	b.	53,663,293	36,324,210	29,286,060	6,569,800	125,843,363
1893	a.	52,533,490	35,144,852	28,197,295	7,666,100	123,541,737
1893	b.	56,902,533	39,913,625	35,365,770	16,481,200	148,663,128
1894	a.	54,139,598	37,693,800	33,800,760	16,102,200	141,736,358
1894	b.	57,767,620	43,805,690	41,401,190	6,839,200	149,813,700
1895	a.	57,602,268	41,492,740	36,931,355	7,057,300	143,083,663
1895	b.	64,045,050	51,623,550	52,416,615	11,651,600	180,338,815
1896	a.	64,124,424	48,686,160	49,869,295	9,015,000	171,694,879
1896	b.	68,105,471	58,506,935	62,486,390	9,215,100	198,313,896

Ausstehende Depositen und Darlehen der Bank von Japan am Ende eines jeden Jahres.

Jahre	Exchequer-Depositen Yen	Regierungs-Depositen Yen	Allgemeine Depositen Yen	Darlehen an die Regierung Yen	Allgemeine oder öffentliche Darlehen Yen
1882	—	—	305,612	—	477,300
1883	4,264,435	432,000	1,709,651	1,000,000	691,700
1884	10,922,814	3,437,414	759,129	—	1,412,795
1885	16,130,015	15,411,602	1,369,343	12,404,205	2,617,619
1886	35,834,136	659,549	329,528	15,745,372	4,011,190
1887	24,530,428	6,676,605	677,981	10,262,470	16,774,055
1888	16,815,101	8,727,400	665,865	7,131,154	15,582,841
1889	19,671,423	11,960,071	242,807	774,718	17,071,984
1890	34,449,511	811,239	6,315,286	22,000,000	15,823,831
1891	—	2,483,701	3,246,792	22,000,000	11,747,561
1892	—	4,085,444	4,706,973	22,000,000	8,460,439
1893	—	1,618,327	1,969,578	22,000,000	10,060,427
1894	—	3,192,232	1,726,291	37,500,000	16,564,612
1895	—	4,714,539	1,939,370	63,500,000	29,327,418
1896	—	45,366,269	1,408,316	72,000,000	42,243,643

Wechselverkehr der Bank von Japan.

Jahre	Rimessen Regierung		Rimessen Allgemeine		Discont-Wechsel	
	ziehend Yen	gezogen Yen	ziehend Yen	gezogen Yen	Tokio Yen	local Yen
1882	—	—	—	—	52,800	—
1883	—	285,500	789,391	1,076,346	1,613,700	90,000
1884	1,080,000	2,522,537	2,485,869	6,010,817	10,389,753	134,253
1885	900,000	4,338,664	2,476,127	4,876,110	5,700,035	315,823
1886	6,390,000	8,615,721	2,192,106	5,899,890	9,698,186	1,171,915
1887	7,855,500	11,023,719	4,923,252	10,789,886	22,235,153	2,107,333
1888	5,505,749	8,065,217	5,259,603	15,354,683	23,645,981	2,784,010
1889	5,324,003	10,936,557	3,980,924	13,237,105	24,922,866	12,168,446
1890	—	1,624,178	6,276,421	17,987,867	54,967,417	22,549,087
1891	—	—	8,885,632	21,540,270	57,652,768	19,073,064
1892	—	—	2,883,526	13,329,356	46,113,562	17,706,249
1893	—	—	4,832,074	12,825,433	59,803,947	18,037,405
1894	—	—	10,311,989	21,672,701	96,124,995	16,342,245
1895	—	—	12,736,445	28,520,231	54,695,182	63,074,623
1896	—	—	23,559,429	36,256,046	93,371,437	87,113,742

Nach 1889 sind in den Discontwechseln die folgenden Rückdisconten für Rechnung der Specie-Bank eingeschlossen:

Jahre	Importwechsel Yen	Exporttratten Yen	Jahre	Importwechsel Yen	Exporttratten Yen
1889	1,530,977	5,451,059	1893	1,382,279	15,930,701
1890	5,006,112	13,681,226	1894	2,303,583	13,036,491
1891	1,226,136	16,616,956	1895	—	12,562,517
1892	1,823,723	15,675,216	1896	10,420,303	21,675,487

Kapital und Gewinne bei der Bank von Japan.

Jahre	a. Juni b. Dec.	Kapital (c.) Yen	Reserve (d.) Yen	Netto-Gewinn (e.) Yen	Dividende Yen	Procent von e. gegen c. und d.	Per Actie specielle Divid. Procent	Per Actie allgem. Divid. Procent
1882	b.	2.000.000	—	—	—	0.94	—	—
1883	a.	2.999.800	—	110.370	86.666	3.67	1.300	2.166
1883	b.	3.000.000	3,800	143.298	136.666	3.63	2.050	3.016
1884	a.	4,000.000	6,500	181.578	166.666	3.62	2.500	4.166
1884	b.	5.000.000	10,500	414,916	200.000	8.28	3.000	5.000
1885	a.	5.000,000	193.128	401,604	200.000	7.73	3.000	5.000
1885	b.	5.000,000	372.700	295,629	200.000	4.57	3.000	5.000
1886	a.	5.000.000	380,700	318,222	260,000	5.91	3.000	5.000
1886	b.	5.000.000	445,700	351,455	225,000	6.45	4.000	5.000
1887	a.	7,500,000	2,431,200	419,498	275.000	4.22	5.500	5.500
1887	b.	10.000.000	4,306,200	784,454	450,000	5.48	6.000	6.000
1888	a.	10,000.000	4,374,700	1,102,474	650,000	7.66	6.500	6.500
1888	b.	10,000,000	4,494,700	1,115.331	650,000	7.69	6.500	6.500
1889	a.	10,000.000	4,614,700	1,173.213	675.000	8.02	6.750	6.750
1889	b.	10,000,000	4,759,700	1.316.972	675,000	8.92	6.750	6.750
1890	a.	10.000.000	4,940.000	1,553.139	750.000	10.39	7.500	7.500
1890	b.	10,000.000	5.240,000	1,664.645	750,000	10.92	7.500	7.500
1891	a.	10.000.000	5.590,000	1,623,803	750.000	10.41	7.500	7.500
1891	b.	10.000.000	5.910,000	1.397,491	750,000	8.78	7.500	7.500
1892	a.	10,000.000	6,200,000	1.116,341	750.000	6.89	7.500	7.500
1892	b.	10,000.000	6.350,000	1.280,720	750,000	7.83	7.500	7.500
1893	a.	10,000,000	6,780,000	360.575	750,000	5.72	7.500	7.500
1893	b.	10,000.000	6,880,000	1,050,091	750.000	6.21	7.500	7.500
1894	a.	10,000.000	7.000,000	1,235,406	750.000	7.26	7.500	7.500
1894	b.	10,000.000	7,250,000	1,236,175	750,000	7.16	7.500	7.500
1895	a.	10,000,000	7,550,000	1,723.353	750.000	9.25	7.500	7.500
1895	b.	22,500.000	8,350,000	1,412,075	974.629	4.57	6.500	6.500
1896	a.	22,500.000	8,600,000	2,128,126	1,462,500	6.84	9.750	9.750
1896	b.	22,500.000	8,850,000	2,099,277	1,462,500	6.76	9.750	9.750
1897	a.	22,500,000	9,250,000	3,033,036	1,462,500	6.31	9.750	9.750

Jährlicher Geschäftsverkehr bei der Bank von Japan.

Jahre	Gesammt-umsatz Yen	Exchequer-Depositen Yen	Depositen Regierungs- Yen	Depositen Allgemeine Yen	Darlehen Regierungs- Yen	Darlehen Allgemeine Yen
1882	6,357,244	—	—	647.612	—	935.000
1883	157,639,141	17.969.812	3,939.000	15.293.608	1,500.000	4,827.000
1884	585.558.380	55.366.795	64.636,725	27.889.193	1,000.000	6,198.774
1885	883,315,834	119,690,103	72.104,136	14,931,642	54,655.205	11.286.756
1886	1,687,956.587	394,903.727	48.121.203	20,712,368	46.981.336	19,166,076
1887	2,657.655.063	598.630.630	41.010.309	27.574.901	39.310.818	60,676,680
1888	2.711.391.454	551,066.846	61,007,025	39,979,793	19.734,673	95,071,156
1889	2,767,516.603	529,417.300	113.564,155	19.876,980	22.061,331	91.885.034
1890	1,213.369.811	262,406,324	40,063.208	159.320.308	22.000.000	86,650.866
1891	1,944,126,218	—	49.066.469	138,352,885	22.000.000	111,730.549
1892	1,888.088.535	—	57,631.953	219,359,555	22,000.000	107,701.566
1893	1,811.666,900	—	50,251.233	261.998,049	22,000.000	108,486,071
1894	2,393.387.071	—	70.591.897	271,152,072	43,500,000	163,290,642
1895	3,013,921,233	—	118.812.360	421.853,071	71,500,000	257.025.696
1896	5,320,534.187	—	239,613,841	961,835,606	129,033,875	387,594,052

(Im Jahre 1890 wurden die Exchequer-Conti an die Centralkasse übertragen, daher der plötzliche Fall im Gesammtumsatz.)

Die Nippon Ginko.[1]

Laut nachstehenden Auszügen betrugen die Eingänge der japanischen Reichsbank während des ersten Halbjahres 1897 Yen 4,132,566.442
und die Ausgaben . . . . „ 1,118,307.912
mithin einen Creditsaldo von . . . . . Yen 3,014,258.530
ergebend, zu welchem vom letzten a/c. . . „ 138,777 495
hinzukommen, ... in Summa Yen 3,153,036.025
wovon also dem Reservefonds . . . . . „ 1,300,000.000
überschrieben, an gewöhnlicher Dividende
6 % p. a. . . . . „ 675,000.000
an aussergewöhnlicher Dividende 7 % p. a. „ 787,500.000
und an Gehältern und Tantième . . . . „ 150,000.000
vertheilt wurden, so dass dem laufenden
Conto an . . . . „ 240,536.025
übertragen wurden.

Der Gewinn und Verlust der Filialen während desselben Zeitraumes stellt sich wie folgt zusammen:

Filiale in Osaka	Yen	696,208	⎫
„ der westlichen Section	„	129,590	⎬ Gewinn.
„ Hokkaido	„	46,998	
„ Nagoya.	„	5,278	
„ Kioto	„	10,549	⎭
Filiale Sapporo	Yen	5,828	⎱ Verlust.
„ Taipeh (Formosa) . .	„	162,274	⎰

---

1) Die Zahlen und nachstehenden Aufstellungen sind aus dem officiellen japanischen Halbjahrsbericht übersetzt worden.

— 74 —

Stand der Nationalbanken im Jahre 1895.

Nummer	Filialen	Gründungs-datum	Erlöschungs-datum	Kapital Yen	Ursprüngliche Notenausgabe Yen	Augenblicklich verausgabte Noten Yen	Regierungs-fonds als Unterlage Yen	Einlösungsfonds Reservefonds Yen	Accumulations-fonds Yen	Total Yen
1	11	Sept. 1876	Sept. 1896	2.250.000	1.290.000.000	182.773.500	807.552.000	377.842.520	366.201.810	744.044.330
2	4	Nov. "	Nov. "	500.000	400.000.000	78.450.000	305.508.000	125.947.501	122.067.266	248.014.767
3	4	Dec. "	Dec. "	1.000.000	800.000.000	615.136.000	538.440.000	251.895.011	244.134.538	496.029.549
4	2	Oct. "	Oct. "	500.000	240.000.000	43.016.500	168.960.000	75.568.500	73.240.359	148.808.859
5	2	Febr. 1877	Febr. 1897	300.000	240.000.000	44.661.500	161.760.000	75.568.500	73.240.359	148.808.859
6		"	"	250.000	200.000.000	123.518.500	138.210.000	62.973.749	61.033.630	124.007.379
7		"	verschmolzen mit No. 134 in 1885	150.000	112.000.000	45.977.000	78.816.000	35.265.297	34.178.830	69.444.127
8	2	Nov. "	Nov. 1897	250.000	80.000.000	48.191.000	56.400.000	25.189.497	24.413.447	49.602.944
9	2	März "	März "	250.000	200.000.000	100.478.000	111.120.000	62.973.749	61.033.630	124.007.379
10		Mai "	Mai "	200.000	160.000.000	80.053.500	125.760.000	50.378.995	48.826.900	99.205.897
11	2	Juli "	Juli "	500.000	224.000.000	95.060.500	152.816.250	70.530.602	68.357.666	138.888.268
12	2	Mai "	Mai "	500.000	400.000.000	225.266.000	263.280.000	125.947.501	122.067.266	248.014.767
13		Juli "	Juli "	150.000	80.000.000	17.385.000	53.856.000	25.189.497	24.413.147	49.602.944
14		Mai "	Mai "	17.826.100	1.260.880.000	8.313.717.500	9.600.000.000	4.490.305.728	4.351.966.779	8.842.272.509
15	2	Aug. "	Aug. "	200.000	80.000.000	15.372.500	56.352.000	25.189.497	24.413.447	49.602.944
16	3	Sept. "	Sept. "	300.000	160.000.000	83.094.500	107.688.000	50.378.997	48.826.900	99.205.897
17	2	Nov. "	Nov. "	500.000	200.000.000	101.397.000	138.048.000	62.973.749	61.033.630	124.007.379
18	3	Oct. "	Oct. "	200.000	120.000.000	54.657.000	81.120.000	37.784.249	36.620.177	74.404.426
19		Juli "	Juli "	250.000	200.000.000	49.279.000	140.736.000	62.973.749	61.033.630	124.007.379
20	2	Nov. "	Nov. "	100.000	80.000.000	19.023.500	57.072.000	25.189.497	24.413.447	49.602.944
21	2	Oct. "	Oct. "	300.000	232.000.000	155.586.000	163.248.000	73.049.547	70.799.011	143.848.558
22		" "	geschl. 1882	200.000	144.000.000	104.251.000	101.424.000	45.341.098	43.944.213	89.285.311
23	1	Dec. "	Dec. 1897	130.000	101.000.000	88.147.500	73.920.000	32.746.347	31.737.487	64.483.834

26		Feb. 1878	geschl. 1888	300,000	200,000,000	157,647,000	140,688,000	62,973,749	61,033,630	124,007,379
27		Dec. 1877	Dec. 1897							
28		" "	vereinigt mit No. 35 in 1889							
29	2	Jan. 1878	Jan. 1898	200,000	80,000,000	72,961,000	56,640,000	25,189,497	24,413,417	49,602,944
30		Dec. 1877	Dec. 1897	330,000	280,000,000	230,145,000	211,200,000	88,163,250	85,447,084	173,610,334
31		März 1878	vereinigt mit No. 148 in 1888							
32	2	Jan. "	Jan. 1898	360,000	288,000,000	254,127,500	198,720,000	90,682,201	87,888,429	178,570,630
33	2	März "	geschl. 1892	375,000	200,000,000	182,376,500	143,040,000	62,973,749	61,033,630	124,007,379
34	5	Mai "	März 1898	600,000	312,000,000	269,542,500	210,240,000	98,239,044	95,212,462	193,351,506
35										
36	1	Febr. "	Febr. "	200,000	80,000,000	72,997,000	56,640,000	25,189,497	24,413,447	49,602,945
37	1	Oct. "	Oct. "	250,000	120,000,000	109,168,000	90,450,000	37,784,249	36,620,177	74,404,426
38	1	" "	" "	400,000	184,000,000	169,327,500	127,248,000	57,935,849	56,150,938	114,086,787
39	4	Sept. "	Sept. "	700,000	280,000,000	254,960,000	188,448,000	88,163,250	85,447,084	173,610,334
40		" "	" "	560,000	120,000,000	109,355,000	84,624,000	37,784,249	36,620,177	74,404,626
41	2	" "	" "	300,000	160,000,000	145,439,500	112,800,000	50,378,997	48,826,900	99,205,897
42	3	Oct. "	Oct. "	250,000	200,000,000	181,908,000	137,808,000	62,973,749	61,033,630	124,007,379
43				300,000	160,000,000	145,995,000	110,400,000	50,378,997	48,826,900	99,205,897
44		Juli "	vereinigt mit No. 3 in 1882							
45		Oct. "	Oct. 1898	200,000	120,000,000	109,280,000	83,040,000	37,784,247	36,620,175	74,404,422
46		Febr. 1879	Febr. 1899	150,000	40,000,000	36,411,000	30,384,000	12,594,747	12,206,722	24,801,469
47	3	Oct. 1878	Oct. 1898	150,000	76,000,000	69,221,500	51,168,000	23,930,022	23,192,773	47,122,795
48		Dec. "	Dec. "	100,000	80,000,000	72,608,500	53,856,000	25,189,497	24,413,447	49,602,944
49		Mai "	Mai "	400,000	160,000,000	145,712,000	115,296,000	50,378,997	48,826,900	99,205,897
50		Aug. "	Aug. "	135,000	80,000,000	72,863,500	53,856,000	25,189,497	24,413,447	49,602,944
51		Sept. "	Sept. "	100,000	80,000,000	72,910,000	56,352,000	25,189,497	24,413,447	49,602,944
52	1	" "	" "	150,000	80,000,000	73,006,000	57,120,000	25,189,497	24,413,447	49,602,944
53	3	Dec. "	Dec. "	120,000	64,000,000	58,213,500	45,120,000	20,151,596	19,330,756	39,682,332
54		Sept. "	vereinigt mit No. 53 in 1882							
55		" "	Sept. 1898	50,000	40,000,000	36,311,000	28,512,000	12,594,747	12,206,722	24,801,469

— 76 —

Nummer	Filialen	Gründungs-Datum	Erlöschungs-Datum	Kapital Yen	Ursprüngliche Notenausgabe Yen	Augenblicklich verausgabte Noten Yen	Regierungs-Bonds als Unterlage Yen	Einlösungsfonds Reservefonds Yen	Einlösungsfonds Accumulationsfonds Yen	Total Yen
56	1	Juni 1878	Juni 1898	150,000	64,000,000	58,307,500	45,050,250	20,151,596	19,530,756	39,682,352
57	—	Oct. "	Oct. "	50,000	40,000,000	36,947,000	27,840,000	12,594,747	12,206,722	24,801,469
58	3	Dec. "	Dec. "	250,000	136,000,000	123,745,500	96,000,000	41,822,149	41,502,866	84,325,015
59	4	Aug. "	Aug. "	200,000	160,000,000	145,250,000	112,540,000	50,378,997	46,826,900	99,205,897
60	—	" "	" "	250,000	200,000,000	181,638,500	134,880,000	62,973,749	61,033,630	124,007,379
61	1	Nov. "	Nov. "	200,000	80,000,000	72,786,000	56,880,000	25,189,497	24,413,447	49,602,944
62	2	Oct. "	Oct. "	100,000	80,000,000	72,804,500	55,152,000	25,189,497	24,413,447	49,602,944
63	5	" "	" "	150,000	80,000,000	72,868,500	56,352,000	25,189,497	24,413,447	49,602,944
64	2	Juni "	Juni "	150,000	120,000,000	106,500,000	82,656,000	37,784,249	36,620,177	74,404,426
65	—	Nov. "	Nov. "	100,000	56,000,000	51,008,500	39,456,000	17,632,647	17,089,411	34,722,058
66	2	Sept. "	Sept. "	180,000	144,000,000	131,215,500	96,960,000	45,341,098	43,944,213	89,285,311
67	1	Oct. "	Oct. "	160,000	128,000,000	116,276,500	87,216,000	40,303,198	39,061,522	79,364,720
68	1	Nov. "	Nov. "	160,000	64,000,000	58,227,000	48,288,000	20,151,596	19,530,756	39,682,352
69	—	" "	" "	350,000	80,000,000	72,862,000	62,496,000	25,189,497	24,413,417	49,602,944
70	—	" "	" "	50,000	40,000,000	36,403,000	27,360,000	12,594,747	12,206,722	24,801,469
71	—	Oct. "	Oct. "	125,000	40,000,000	36,293,000	28,224,000	12,594,747	12,206,722	24,801,469
72	2	Sept. "	Sept. "	150,000	64,000,000	58,269,000	43,200,000	20,151,596	19,530,756	39,682,352
73	2	Oct. "	Oct. "	140,000	112,000,000	102,036,000	78,826,000	35,265,297	34,178,830	69,444,127
74	1	Juli "	Juli { vereinigt mit No. 15 in 1886 }	600,000	320,000,000	291,467,000	215,376,000	100,757,999	97,653,810	198,411,869
75	—	Nov. "								
76	—	Oct. "	Oct. 1898	100,000	56,000,000	51,195,000	38,400,000	17,632,647	17,088,411	34,722,058
77	4	Nov. "	Nov. "	500,000	200,000,000	182,171,000	134,976,000	62,973,749	61,033,630	124,007,379
78	2	Oct. "	Oct. "	300,000	64,000,000	58,578,500	47,520,000	20,151,596	19,530,756	39,682,352
79	1	" "	" "	200,000	80,000,000	72,936,000	59,068,000	25,189,497	24,413,447	49,602,944
80	—	" "	" "	100,000	80,000,000	72,722,000	56,352,000	25,189,497	24,413,447	49,602,944
81	3	Nov. "	Nov. "	300,000	48,000,000	43,556,000	38,880,000	15,113,696	14,048,069	29,761,765

82	4	Nov. 1878	Nov. 1898	200,000	160,000,000	145,759,500	108,000,000	50,378,997	48,826,900	99,205,897
83		Sept. "	Sept. "	50,000	40,000,000	36,343,000	27,360,000	12,594,747	12,206,722	24,801,469
84	1	Nov. "	Nov. "	90,000	40,000,000	36,539,000	27,360,000	12,594,747	12,206,722	24,801,469
85		" "	" "	200,000	160,000,000	145,462,000	114,240,000	50,378,997	48,826,900	99,205,897
86		Dec. "	Dec. "	80,000	64,000,000	58,490,500	43,200,000	20,151,596	19,530,756	39,682,352
87	2	Nov. "	Nov. "	125,000	40,000,000	36,629,000	30,192,000	12,594,747	12,206,722	24,801,469
88		" "	" "	50,000	40,000,000	36,360,000	29,568,000	12,594,747	12,206,722	24,801,469
89	2	Dec. "	Dec. "	260,000	160,000,000	146,100,000	113,952,000	50,378,997	48,826,900	99,205,897
90		Oct. "	Oct. "	100,000	80,000,000	72,818,000	54,096,000	25,189,497	24,413,447	49,602,944
91		" "	" "	50,000	40,000,000	36,588,000	27,360,000	12,594,747	12,206,722	24,801,469
92	1	" "	" "	200,000	96,000,000	87,152,000	65,280,000	30,227,395	29,296,140	59,523,535
93	1	" "	" "	60,000	40,000,000	36,309,500	26,976,000	12,594,747	12,206,722	24,801,469
94		" "	" "	50,000	40,000,000	36,621,000	29,856,000	12,594,747	12,206,722	24,801,469
95	4	Sept "	Sept. "	200,000	160,000,000	145,712,000	107,712,000	50,378,997	48,826,900	99,205,897
96		Nov. 1879	Nov. 1899	80,000	40,000,000	36,479,500	29,952,000	12,594,747	12,206,722	24,801,469
97	2	Febr. 1879	Febr. 1899	90,000	40,000,000	36,714,500	32,160,000	12,594,747	12,206,722	24,801,469
98	2	Nov. 1878	Nov. 1898	120,000	96,000,000	87,325,500	67,584,000	30,227,395	29,296,140	59,523,535
99	1	Jan. 1879	Jan. 1899	70,000	40,000,000	36,377,500	30,240,000	12,594,747	12,206,722	24,801,469
100	4	Aug. 1878	Aug. 1898	400,000	160,000,000	146,331,500	112,800,000	50,378,997	48,826,900	99,205,897
101		Sept. "	Sept. "	55,000	40,000,000	36,231,000	29,856,000	12,594,747	12,206,722	24,801,469
102	2	Nov. "	Nov. "	50,000	40,000,000	36,450,500	27,552,000	12,594,747	12,206,722	24,801,469
103	2	Oct. "	Oct. "	80,000	40,000,000	36,594,000	26,976,000	12,594,747	12,206,722	24,801,469
104	1	Sept. "	Sept. "	120,000	96,000,000	87,339,000	64,320,000	30,227,395	29,296,140	59,523,535
105		Dec. "	Dec. "	80,000	64,000,000	58,539,000	49,968,000	20,151,596	19,530,756	39,682,352
106	1	Febr. 1879	Febr. 1899	300,000	240,000,000	219,256,500	177,120,000	75,568,500	73,240,359	148,808,859
107		Sept. 1878	Sept. 1898	250,000	40,000,000	36,360,000	27,650,000	12,594,747	12,206,722	24,801,469
108			geschl. 1863	60,000	40,000,000	36,337,000	26,976,000	12,594,747	12,206,722	
109	2	Nov. "	Nov. 1898	600,000	464,000,000	423,363,500	326,400,000	146,099,102	141,508,030	287,697,132
110										
111	3	Sept. "	Sept. "	300,000	120,000,000	108,866,000	84,537,500	37,784,249	36,620,175	74,404,424
112		Nov. "	Nov. "	100,000	80,000,000	73,253,000	56,312,500	25,189,497	24,413,447	49,602,944
113	2	Oct. "	Oct. "	200,000	160,000,000	145,620,500	108,480,000	50,378,997	48,826,900	99,205,897
114	1	Dec. "	Dec. "	150,000	40,000,000	36,807,500	28,320,000	12,594,747	12,206,722	24,801,469
115		" "	" "	70,000	56,000,000	51,081,000	42,240,000	17,632,647	17,089,411	34,722,058

Nummer	Filialen	Gründungs-Datum	Erlöschungs-Datum	Kapital Yen	Ursprüngliche Notenausgabe Yen	Augenblicklich verausgabe Noten Yen	Regierungs-fonds als Unterlage Yen	Einlösungsfonds Reservefonds Yen	Einlösungsfonds Accumulations-fonds Yen	Einlösungsfonds Total Yen
116		Dec. 1878	Dec. 1898	150,000	40,000,000	36,575,000	30,336,000	12,594,747	12,206,722	24,801,469
117		"	vereinigt mit No. 135 in 1884.	110,000	40,000,000	36,875,000	33,060,000	12,594,747	12,206,722	24,801,469
118		Nov. "	Dec. 1898							
119	3	Dec. "	Sept. "	1,000,000	240,000,000	218,785,000	183,840,000	75,568,499	73,240,357	148,808,856
120		Sept. "		100,000	40,000,000	36,232,000	26,976,000	12,594,747	12,206,722	24,801,469
121		Jan. 1879	Jan. 1899	200,000	160,000,000	145,963,500	108,192,000	50,378,997	48,826,900	99,205,897
122	1	Dec. 1878	Dec. 1878	150,000	112,000,000	102,105,000	76,800,000	35,265,297	34,178,830	69,444,127
123		"	vereinigt mit No. 12 in 1884.							
124		"	vereinigt mit No. 35 in 1882.							
125	2	Oct. "	Dec. 1898	200,000	64,000,000	58,123,000	45,600,000	20,151,596	19,530,756	39,682,352
126		Dec. "	gesetzl. 1882	150,000	120,000,000	109,449,000	88,992,000	57,784,249	36,620,177	74,404,426
127		"	Dec. 1898	50,000	40,000,000	36,358,000	28,512,000	12,594,747	12,206,722	24,801,469
128		"	"	70,000	56,000,000	51,028,000	41,760,000	17,632,647	17,089,411	34,722,058
129		"	"	250,000	120,000,000	109,611,000	80,832,000	37,784,249	36,620,177	74,404,426
130	5	"	"							
131		Jan. 1879	vereinigt mit No. 32 in 1881.							
132		April "	April 1899	300,000	40,000,000	36,711,500	28,800,000	12,594,747	12,206,722	24,801,469
133	1	Febr. "	Febr. "	200,000	80,000,000	72,650,000	59,472,000	25,189,497	24,413,447	49,602,944
134	2	Dec. 1878	Dec. 1898	360,000	240,000,000	162,880,500	165,528,000	75,568,499	73,240,357	148,808,856
135	3	Jan. 1879	Jan. 1899	170,000	64,000,000	53,901,500	44,064,000	29,151,596	19,530,756	39,682,352
136		Febr. "	Febr. "	170,000	136,000,000	123,584,500	96,000,000	42,822,149	41,502,866	84,325,015
137	1	April "	April "	25,000	40,000,000	36,523,000	28,224,000	12,594,747	12,206,722	24,801,469
138		Febr. "	Febr. "	150,000	32,000,000	29,196,000	24,720,000	10,075,796	9,765,378	19,841,174
139	2	"	"	350,000	80,000,000	72,788,500	57,600,000	25,189,497	24,413,447	49,602,944

— 79 —

140	—	März 1879						
141	—	April „	vereinigt mit No. 67 in 1881 April 1899	50,000	40,000,000	36,580,500	26,928,000	12,594,747	12,206,722	24,801,469
142	—	März „	vereinigt mit No. 32 in 1881						
143	—	„ „	vereinigt mit No. 30 in 1880						
144	—	Mai „	Mai 1899	50,000	40,000,000	36,588,000	29,856,000	12,594,747	12,206,722	24,801,469
145	—	April „	April „	50,000	40,000,000	36,445,000	29,760,000	12,594,747	12,206,722	24,801,469
146	—	„ „	Aug. „	80,000	64,000,000	58,800,000	44,160,000	20,151,596	19,530,756	39,682,352
147	—	Aug. „	März „	500,000	320,000,000	293,680,500	216,144,000	100,757,999	97,653,810	196,411,809
148	—	März „		300,000	160,000,000	145,417,000	113,280,000	50,378,992	48,826,695	99,205,887
149	—	Aug. „	vereinigt mit No. 119 in 1886 Mai 1899						
150	—	Mai „		50,000	40,000,000	36,448,500	28,800,000	12,594,747	12,206,722	24,801,469
151	—	Aug. „	Aug. „	130,000	52,000,000	47,270,000	35,040,000	16,373,172	15,868,741	32,241,913
152	—	Dec. „	Dec. „	50,000	40,000,000	36,373,000	27,648,000	12,594,747	12,206,722	24,801,469
153	—	Nov. „	vereinigt mit No. 111 in 1886						
	178			49,816,100	31,582,680,000	21,219,719,000	21,658,383,500	9,928,718,479	9,622,830,737	19,651,549,216

Amount of Convertible Notes Issued during the Half year.

Reserve & Securities				Convertible Notes.	Amount issued		
Total		y.	s.		y.	s.	Total
				Amount issued	196,395,952	000	196,395,952 000
119,430,664 000	Gold Bullions	75,936,521	000	**Reserve.**			
	1 Yen Silver	15,938,784	000				
	Silver Bullions	27,555,359	000				
76,965,288 000	Various Loan Bonds . . .	17,906,740	000	**Securities.**			
	Government deeds . . .	22,000,000	000				
	Deeds	18,000,000	000				
	Commercial Notes . . .	19,058,548	000				
196,395,952 000		196,395,952	000		196,395,952	000	196,395,952 000

Statement of Profit & Loss for the 1st Half-year of the 30th year of Meiji, ending 30th June 1897.

Dr.					Cr.
Losses.	y.	s.	Profits.	y.	s.
Interest	396,232	522	Interest	1,497,607	563
Commissions	14,530	996	„ on Public Bonds	981,420	048
Exchange premium	41	350	Commissions	138,794	287
Commission for dealing with			Exchange premium	12,568	036
National treasuries	213,689	273	Commission for dealing with		
Discount	29,206	292	National treasuries	205,319	197
Loss for buying and selling			Discount	1,213,720	518
Bullions	336	657	Gains from buying & selling		
Sundry Losses	242	722	Public Bonds	70,110	066
„ duties	16,966	817	Gains for buying & selling		
Salaries	114,523	320	Bullions	4,156	469
Travelling expenses	30,899	460	Sundry gains	8,072	579
Repairing „	23,082	230	„ duties (returned)	54	532
Working „	278,556	273	Salaries	46	017
			Travelling expenses „	276	840
			Working „	410	990
		Total 1,118,307 912			Total 4,132,566 442
Profits.					
Fixed Dividend 6%	675,000	000	Amount brought forward		
„ Reserved Funds	1,300,000	000	from last a/c.		138,777 495
Remunerations etc.	150,000	000			
2nd Dividend 7%	787,500	000			
Carried forward to next a/c	240,536	025			
		Total 3,153,036 025			
		4,271,343 937			4,271,343 937

Statement of Properties of the Nippon Ginko June 30th 1897, 30th year of Meiji.

	Remarks	Present Value	Total
	Brought forward		392,766,152	780
Uncalled Capital.	150,000 shares — y. 200 per share, y. 150 per share paid in — Present shareholders 842	7,500,000	000	7,500,000	000
Properties.			
Land	Head officer	312,615	826	
Bank Buildings safes	Branches &c. 10,783 tsubo 6に 5 coki; 2,981 tsubo 520 3 coki 2	551,430	263	
Stationeries	Iron safes etc.	39,258	434	
Building materials	for Western Branch & H o.	86,587	016	989,891	543
Cash on hand.			
1 Yen Silver coins		16,504,157	000	
Subsidiary "		330	250	
Copper "		263	588	
Paper currency		10,376	000	
Bank Notes		69,674	000	
Cheques, Bills		2,044,871	302	18,629,669	140
			419,825,713	465

— 83 —

	Remarks	Present Value	Total
Public Loan Bonds.	Face Value		
5% Pension Bonds	y. 6,762,695.—	6,457,534 447	
Old Public Loan Bonds	„ 610,375.—	93,813 304	
Naval Loan Bonds	„ 1,397,000.—	1,321,940 600	
Redemption Loan Bonds	„ 32,964,800.—	31,294,144 022	
Railway Loan Bonds	„ 776,800.—	758,710 700	
War Loan Bonds	„ 344,400.—	327,941 932	
English Public Loan Bonds	@ 133,000.—	1,122,005 357	41,376,090 362
Sundry documents.			
Documents for Government Loans	8 copies	42,824,703 000	
„ „ for Fixed Loans	1,766 „ of contract am't.	34,110,174 000	
„ „ for Temporary Loans	107 „ 4,575,000,000	2,963,348 979	
„ „ for loans for redeeming Bank notes	33 „	4,219,447 000	
Discount Bills	5,715 bills { Promissory notes 5,479 / Drafts 216 / Money orders 3	34,058,269 356	
„ „ (Foreign)	643 „ export drafts of contract am't.	4,311,267 810	
Documents of Correspondent Banks	136 copies 1,994,000,000	1,153,030 952	
„ for Deposit	3 „	122,941,403 475	246,581,644 572
Gold and Silver Bullions.			
Gold coins	y. 16,458,685,677	31,164,148 880	
Gold bullion (moulded)	3,995 Kwan 311 monme 4 Fun 3	19,769,715 626	
English Gold coins	£ 728,796 1s 9d	6,415,240 554	
American Gold coins	$ 523,371.50	1,046,743 000	
Gold bullion	4,241 Kwan 784 monme 2 Fun 6-8	17,174,132 550	
Old coins	156,684 pieces	220,504 458	
Gold & Silver mixed bullion	70 Kwan 208 monme 7 — 2	298,606 435	
Silver Bullion	Stored in the Mint.	27,795,936 378	103,885,227 881
Agency Deposits.			
Funds for paying Government Bonds & interest	44 places	783,758 965	
„ for exchanging paper money	13 „	79,431 000	863,189 965
	Carried forward		392,706,152 780

6*

Statement of Resources and Liabilities 30th June 1897, 30th year of Meiji.

Dr.					Cr.		
Total		Balance				Balance	Total
392,706,152	780	392,706,152	780	Brought forward		377,172,579 940	377,172,579 940
				Stock a/c.			
7,500,000	000	7,500,000	000	Capital		30,000,000 000	
				,, (not called in)			
				Reserved Funds		9,250,000 000	
				Dividends ,, for Properties		250,000 000	
						97 500	39,500,097 500
				Property a/c.			
989,891	545	312,615	826	Land			
		551,430	269	Building safes			
		39,258	434	Stationeries			
		86,587	016	New Building expenses			
				Profit & Loss a/c.			
				Profit for the current Half-year		3,014,258 530	
				Amount brought forward from last a/c		138,777 495	3,153,036 025
				Cash a/c.			
18,629,669	140	16,504,157	000	1 Silver Yen			
		330	250	Subsidiary Silver coins			
		263	588	Copper coins			
		10,376	000	Paper money			
		69,671	000	Bank notes			
		2,044,871	302	Cheques & Bills			
419,825,713	465	419,825,713	465			419,825,713 465	419,825,713 465

Dr.				Cr.		
Total		Balance			Balance	Total
			Convertible Bank Note a/c.			
			Convertible note issued	196,395,952 000		196,395,952 000
			Deposit a/c.			
			Government Deposits	162,766,106 475		
			" Bonds & Interests .	1,262,379 343		
			" Funds for redeeming in Coins	17,466 409		
			" " for exchanging paper money	2,345,820 500		
			Fixed Deposits	14,600 000		
			Temporary Deposits	6,066,611 163		
			Exchange Bills (Notes)	21,600 152		
			Money orders	552,739 263		173,047,323 305
			Loan a/c.			
		42,824,703 000	Government loans			
		34,110,174 000	Fixed "			
		2,963,348 979	Temporary "			
		34,058,269 356	Discount Bills (Notes)			
		4,311,267 810	" " Foreign			
		122,941,403 475	Deposits			
245,428,613 620		4,219,447 000	Loans to redeem Bank Notes . . .			
			Public Bonds a/c.			
41,376,090 362		41,376,090 362	Various public bonds			
			Bullion a/c.			
103,885,227 881		103,885,227 881	Gold & Silver bullion			
			Gold & Silver Difference a/c.			
			Difference of Gold & Silver	7,688,992 146		7,688,992 146
			A/c. with other banks.			
1,153,030 952		1,153,030 952	Sundry a/c.	40,312 489		40,312 489
			Agency a/c.			
		783,758 965	Government Bonds & Interest . . .			
863,189 780		79,431 000	Funds for exchanging paper money .			
392,706,152 780		392,706,152 780	Carried forward	377,172,579 940		377,172,579 940

Weekly Statement of the Bank of Japan.
Banking Account. On Saturday, November 27th, 1897.

Debit.	Yen.	Credit.	Yen.
Paid-up share capital	30,000,000	Share Capital not called-up	7,500,000
Reserve fund and other liabilities to shareholders	21,185,790	Discount notes	41,384,603
		Foreign discount notes	5,182,779
		Loan to Government	28,831,132
Amount of convertible notes issued	196,315,723	General loans	111,425,891
Government deposit	76,190,405	Exchange liability	1,216,566
General deposit	3,915,754	Government bonds	39,558,041
Exchange liability	12,920	Property	1,422,904
		Bullion and Specie	91,098,675
Total	327,620,593	Total	327,620,593

Issue Account.

	Yen.		Yen.
Daily averages during past week:—		Securities:—	
Amount of convertible notes issued	195,176,190	Government bonds	33,106,740
Including excess-issue	25,341,238	Government certificates	22,000,000
		Government bills	26,000,000
Bullion and Specie:—		Commercial notes	24,570,203
Gold	86,793,064	Total	105,676,943
Silver	2,706,183		
Total	89,499,247	Grand total	195,176,190

Thirty-fifth Report
of the Yokohama Specie Bank, Limited, (Yokohama Shokin Ginko), presented to the Shareholders at the Half-Jearly ordinary General Meeting,

held at the
Head Office, Yokohama. on Friday, 10th September, 1897.

	Yen.
Subscribed Capital	12,000,000
Capital paid up	7,500,000
Reserve Fund	5,764,000
Reserve for Equalization of Dividends	596,000

Directors.

Kokichi Sonoda, Esq.   Riyemon Kimura, Esq.
Rokuro Hara, Esq.   Nagatane Soma, Esq.
Ippei Wakao, Esq.   Korekiyo Takahashi, Esq.

President.
Nagatane Soma, Esq.

Vice President.
Korekiyo Takahashi, Esq.

To the Shareholders.

Gentlemen:

The Directors submit to you the annexed Statement of the Liabilities and Assets of the Bank, and Profit and Loss Account for the Half-year ending June 30th, 1897.

The Gross Profits of the Bank for the past Half-year, including yen 195,296.424 brought forward from last Account, amount to yen 4.965,266.795, of which yen 2.087,208.647 have been deducted for Current Expenses, Interest on Deposits, &c., leaving a balance of yen 2,878,058.148, out of which yen 160,755.000 have been written off for Officers' Remuneration.

The Directors now propose that yen 300,000.000 be added to the Reserve Fund, increasing it to yen 5,764,000.000; yen 50,000.000 to the Reserve for Equalization of Dividends, thus increased to yen 596,000.000; that yen 50,000.000 be set aside for the contemplated New Building; and yen 3,500.000 be written off for depreciation on the Bank's premises and furniture. From the remainder the Directors recommend a Dividend at the rate of Fifteen per Cent, per Annum, which will absorb yen 450,000.000 on the Old Shares, and yen 112,500.000 on the New Shares, making a total of yen 562,500.000, and a bonus at the rate of yen 20.000 per share on the Old Shares and yen 5.000 per share on the New Shares, which will absorb yen 1,500,000.000.

The Balance, yen 251,303.148 will be carried forward to the credit of next Account.

Nagatane Soma, Chairman.

Head Office, Yokohama, 10th September, 1897.

The Yokohama Specie Bank, Limited.
(Yokohama Shokin Ginko).

Balance Sheet.

30th June, 1897.

Liabilities.	Yen.
Capital paid up	7,500,000.00
Reserve Fund, of which yen 546,000.000 is for Equalization of Dividends	6,010,000.000
Reserve for Doubtful Debts	176,583.044
Reserve for New Building	231,676.062
Deposits	27,650,558.001
Bills Payable, and other Sums due by the Bank	36,163,860.133
Dividends Unclaimed	2,622.155
Amount brought forward from last Account	195,296.424
Net Profit for past Half-year	2,682,761.724
	80,613,358.743

Assets.		Yen.
Cash Accounts—		
In Hand	1,594,144.724	
At Bankers	6,140,455.674	7,734,600.398
Investments in Public Securities		10,707,396.110
Bills discounted, Loans, Advances, &c.		15,332,986.179
Bills Receivable and other Sums due to the Bank		45,435,303.891
Bullion and Foreign Money		1,338,913.866
Bank Premises, Properties, Furniture, &c.		64,158.800
		80,613,358.743

— 89 —

Profit and Loss Account.

	Yen.		Yen.
To Current Expenses, Interests, &c.	2,087,208.647	By Balance brought forward 31st Dec., 1896	195,296.424
To Depreciation of the Bank's premises and furniture	3,500.000	By Amount of Gross Profits for the Half-year ending 30th June, 1897	4,769,970.371
To Amount written off for Officers' Remuneration	160,755.000		
To Reserve Fund	300,000.000		
To Reserve for Equalization of Dividends	50,000.000		
To Reserve for New Building	50,000.000		
To Dividend — yen 7.500 per Share for 60,000 Old Shares . . 450,000.000 yen 1.875 per Share for 60,000 New Shares . 112,500.000	562,500.000		
To Bonus :— yen 20.000 per Share for 60,000 Old Shares . 1,200,000.000 yen 5.000 per Share for 60,000 New Shares . 300,000.000	1,500,000.000		
To Balance carried forward to next Account	251,303.148		
	4,965,266.795		4,965,266.795

We have examined the above Accounts in detail, with the Books and Vouchers of the Bank and the Returns from the Branches and Agencies, and find them to be correct. We have further inspected the Securities, &c., of the Bank, and also those held on account of Loans, Advances, &c., and find them all to be in accordance with the Books and Accounts of the Bank.

Shinobu Tajima,   Fukusaburo Watanabe, Auditors.

Hongkong and Shanghai Banking Corporation.

Sixty-fourth Report of the court of Directors to the ordinary half-yearly General Meeting of Shareholders to be held at the City Hall, Hongkong,

on Saturday, the 14th August, 1897, at noon.

To the Proprietors of the Hongkong & Shanghai Banking Corporation.

Gentlemen,

The Directors have now to submit to you a General Statement of the affairs of the Bank, and Balance Sheet for the half-year ending 30th June last.

The net profits for that period, including $ 300,323.95, balance brought forward from last account, after paying all charges, deducting interest paid and due, and making provision for bad and doubtful accounts, amount to $ 1,826,674.22.

The Directors recommend the transfer of $ 500,000 from the Profit and Loss Account to credit of Reserve Fund, which Fund will then stand at $ 7,000,000.

After making this Transfer and deducting Remuneration to Directors there remains for appropriation $ 1,311,674.22, out of which the Directors recommend a Dividend of One Pound and Five Shillings Sterling per Share, which will absorb $ 444,444.44.

The difference in Exchange between 4/6, the rate at which the Dividend is declared, and 1/11$^{3}/_{4}$, the rate of the day amounts to $ 566,081.88.

The Balance $ 301,147.90 to be carried to New Profit and Loss Account.

DIRECTORS. Messrs. D. R. Sassoon, M. D. Ezekiel and A. McConachie having resigned their seats on leaving the Colony, the following gentlemen have been invited to fill the vacancies thus created: — Messrs. David Gubbay, A. J. Raymond and Gerald Slade. The Directors have likewise invited Mr. G. D. Böning to join the Board.

All these appointments require confirmation at this meeting.

AUDITORS. The accounts have been audited by Mr. F. Henderson and Mr. C. S. Sharp.

Hongkong, 29th July, 1897.

St. C. Michaelsen, Chairman.

Abstract of Assets and Liabilities, Hongkong & Shanghai Banking Corporation,
30th June, 1897.

Liabilities.

Paid-up Capital		$10,000,000.00
Reserve Fund		6,500,000.00
Marine Insurance Account		250,000.00
Notes in Circulation		9,319,308.63
Current Accounts:—		
Silver	$49,943,083.84	
Gold, £3,063,900.5s.10d. =	30,975,477.79	80,918,561.63
Fixed Deposits:—		
Silver	$30,641,249.52	
Gold, £2,610,278.5s.3d. =	26,376,168.87	57,017,418.39
Bills Payable (including Drafts on London Bankers and Short Sight Drawings on London Office against Bills Receivable and Bullion Shipments)		12,465,523.15
Profit and Loss Account		1,826,674.22
		$178,297,486.02

Assets.

Cash		$24,199,397.30
Bullion in Hand and in Transit		3,548,669.97
Indian and Colonial Securities		4,191,730.15
Investments, viz.:—		
£250,000 0 0 2¾% Consols lodged with the Bank of England as a Special London Reserve	$1,900,000.00	
£510,650 0 0 Consols and other Sterling Securit.	$5,160,252.63	7,060,252.63
Bills Discounted, Loans and Credits		65,269,997.73
Bills Receivable		72,961,116.03
Bank Premises		966,322.21
Dead Stock		100,000.00
		$178,297,486.02

General Profit and Loss Account, Hongkong & Shanghai Banking Corporation,
30th June, 1897.

Dr. | **Cr.**

Dr.		Cr.	
To amounts written off:—		By Balance of Undivided Profits, 31st December, 1896 . . .	$ 300,323.95
Remuneration to Directors . . . $ 15,000.00		" Amount of Net Profits for the Six Months ending 30th June, 1897, after making provision for bad and doubtful debts, deducting all Expenses and Interest paid and due . . .	1,526,350.27
" Dividend account:—			
£1.5/ per Share on 80,000 Shares = £100,000 at 4/6 . . . 444,444.44			
" Dividend Adjustment Account:—			
Difference in Exchange between 4/6, the rate at which the Dividend is declared, and 1/11 3/4, the rate of the day . . . 566,081.88			
" Transfer to Reserve Fund . . . 500,000.00			
" Balance carried forward to next half-year 301,147.90			
	$ 1,826,674.22		$ 1,826,674.22

Reserve Fund.

To Balance	$ 7,000,000.00	By Balance, 31st December, 1896 .	$ 6,500,000.00
		" Transfer from Profit and Loss Account	500,000.00
	$ 7,000,000.00		$ 7,000,000.00

T. Jackson, Chief Manager.
A. Coutts, Acting Chief Accountant.

St. C. Michaelsen, J. J. Bell-Irving,
R. M. Gray, Directors.

We have compared the above Statement with the Books, Vouchers and Securities at the Head Office, and with the Returns from the various Branches and Agencies, and have found same to be correct.

Hongkong, 29th July, 1897.

F. Henderson, C. S. Sharp, Auditors.

Chartered Bank of India, Australia and China.

Head Office: — Hatton Court, Threadneedle Street, London.

Incorporated by Royal Charter.

Paid-up Capital, in 40,000 Shares of £ 20 each   £ 800,000.
Reserve-Fund . . . . £ 375,000.

Court of Directors, 1897-98.

Alexander P. Cameron, Esq.   John Howard Gwyther, Esq.
William Christian, Esq.   Emile Levita, Esq.
Sir H. S. Cunningham, K.C.I.E.   Sir James L. Mackay, K.C.I.E.
Sir A. Dent, K.C.M.G.   William Paterson, Esq.

Manager: Thomas Forrest.   Sub-Manager: Caleb Lewis.

Directors' Report.

(Presented at the Forty-third Ordinary General Meeting, 21st April, 1897.)

The Directors have now to submit to the Shareholders the Balance-Sheet and Profit and Loss Account of the Bank for the year ended 31st December last.

These show a net profit, after providing for bad and doubtful debts, of £ 102,678 2 s. 6 d., inclusive of £ 13,358 2 s. 11 d. brought forward from the previous year. The Interim Dividend at the rate of Seven per cent. per annum paid in October last absorbed £ 28,000, and the amount now available is therefore £ 74,678 2 s. 6 d., out of which the Directors propose to pay a Final Dividend at the rate of Nine per cent. per annum, making Eight per cent. for the whole year: to add £ 25,000 to the Reserve Fund, which will then stand at £ 375,000; and to carry forward the balance of £ 13,678 2 s. 6 d.

Sir Henry Stewart Cunningham, K.C.I.E., and Sir James Lyle Mackay, K.C.I.E., the Directors who now retire by rotation, present themselves for re-election.

Mr. Maurice Nelson Girdlestone again tenders his services as Auditor, and in lieu of Mr. William Vanner, who retires in consequence of ill-health, Mr. Magnus Mowat, a duly qualified Shareholder, offers himself for election.

Chartered Bank of India, Australia and China.

Liabilities and Assets, 31st December, 1896.

Liabilities	£	s.	d.	Assets	£	s.	d.
To Capital paid up in full	800,000	0	0	By Cash in hand and at Bankers	1,230,197	9	2
" Reserve Fund	350,000	0	0	" Bullion	581,979	11	10
" Notes in Circulation	594,678	1	8	" Government and other Securities	755,814	14	0
" Current Accounts	3,013,432	7	8	*" Security against Note Issue	205,356	18	3
" Fixed Deposits	4,019,365	9	2	" Bills of Exchange	4,041,544	1	8
" Bills Payable:—				" Bills Discounted and Loans	4,210,135	4	7
Drafts on demand and at short sight on Head Office and Branches £914,608 3 5				" Due by Agents and Correspondents	313,758	7	6
Drafts on London and Foreign Bankers 1,148,750 12 7	2,063,358	16	0	" Balances between Head Office and Branches including Exchange Adjustments	74,627	13	2
" Loans Payable, against Securities	461,250	0	0	" Sundry Assets	5,106	4	5
" Due to Agents and Correspondents	36,469	15	4	" Bank Premises and Furniture at the Head Office and Branches	101,751	10	9
" Sundry Liabilities	107,039	3	0				
" Profit and Loss	74,678	2	6				
Liability on Bills of Exchange re-discounted £3,268,497 4s. 0d. of which up to this date £2,494,778 1s. 7d. have run off.							
	£11,520,271	15	4		£11,520,271	15	4

*The Bank in terms of its amended Charter has deposited with the Hongkong and Straits Governments, and with the Crown Agents for the Colonies, Securities to the value of £205,356 18s. 3d. as special Reserve for its Note Issue.

Profit and Loss Account.

For the year ended 31st December, 1896.

Dr.		£	s.	d.	Cr.		£	s.	d.
To Interim Dividend, for the half-year to 30th June last, at the rate of 7 per cent. per annum		28,000	0	0	By Balance at 31st December, 1895		13,358	2	11
" Balance proposed to be dealt with as follows:—					" Gross Profits for the year, after providing for bad and doubtful debts . . . £212,763 14 7				
Dividend at the rate of 9 per cent. per annum, for the half-year to date . . . £36,000 0 0					Deduct:— Expenses of Management and General Charges at Head Office and Branches . . . 123,443 15 0				
Reserve Fund . 25,000 0 0									
Profit and Loss New Account . . 13,678 2 6		74,678	2	6	Net profits for the year		89,319	19	7
		£102,678	**2**	**6**			**£102,678**	**2**	**6**

London, 2nd April, 1897.

Examined and found correct according to the Books, Vouchers, and Securities at the Head Office, and to the certified returns made from the several Branches.

Maurice N. Girdlestone, Auditor.

Chartered Bank of India, Australia and China.

From the "Money Market Review" of April 24th, 1897.

The forty-third ordinary general meeting of the shareholders of this company was held at the Cannon Street Hotel on Wednesday last, under the presidency of Mr. John Howard Gwyther.

The Manager (Mr. Thomas Forrest) having read the notice convening the meeting,

The Chairman said: We are here once more to give an account of our stewardship. Before formally moving the adoption of the report, I desire to make a few observations upon the present condition of affairs in the East. Some of my friends in the Press and on the Stock Exchange charged me with undue pessimism in the remarks I ventured to make at the half-yearly meeting in October last. Well, gentlemen, I am afraid that they will be inclined to repeat their accusation, as I cannot take optimistic views whilst war is raging in the Levant, with famine and pestilence in Asia, and hostile tariffs in America. The Japanese have recently declared for a gold standard, and this action will certainly not tend to enhance the value of silver; the probability of a falling exchange in China will render it more difficult for Lancashire to export increasingly and profitably to that country. Furthermore, the Chinese Government, which has now a considerable gold debt, will find the burden thereof more onerous, and the margin of unappropriated Customs revenue narrower and narrower. You have doubtless followed with painful interest the weekly reports of the famine and plague in India. It must be borne in mind that the same causes which hindered a sufficient harvest of cereals, had also a pernicious effect upon the yield of other crops which are exported to foreign countries, so that the cultivators had to face a twofold evil — no local food and no money to purchase bread elsewhere. The result in former days, before the advent of British rule, would have meant the death of millions, and I consider that we may justly point with national pride to the wise and unstinting labours of the Indian authorities in their successful endeavours to feed the starving multitudes. As you are aware, the Lord Mayor of London has initiated a benevolent fund supplemental to the efforts of the Government, and already half a million sterling has been collected, irrespective of local subscriptions in Lancashire and Scotland. I am sure, apart from the money benefit, that this voluntary benefaction will increase the belief in the minds of our Eastern fellow subjects, that British rule is beneficent as well as just and impartial. I may here mention that the directors, anticipating your cordial approval, have subscribed £ 500 towards the fund. (Applause.) Business in Bombay has been well-nigh at a standstill, the shrunken products destined for Europe have been ostracised or looked at askance by the Continent, and imports have found few buyers, as the plague has caused an exodus of the principal native dealers. I think that our European staff at that port deserve special commendation for the plucky way in which they have stuck to their posts, despite their harrowing surroundings. (Hear, hear.) If you would like to have some conception of the condition of Bombay during the past few months, I would counsel you to again peruse Harrison Ainsworth's "Old St. Pauls", or Defoe's "History of the Plague in London." In Calcutta we have had to face a most stringent money market, not merely costly, but even at the abnormal rates not easily procurable. I am glad to be able to report, however, that our customers have found us liberal lenders in a time of difficulty, and that we have also assisted others who came to us in their time of need. We will hope that the fortunate position in which we were placed will redound to our credit, and increase our already valuable connection there. The balance-sheet requires no special reference; competition has been increasingly severe, trade has shrunken, and still, largely owing to an immunity from bad debts, we are able to recommend the usual dividend, with a substantial addition to the reserve fund. Our customers are contented and loyal, but we must ever keep vigilant watch over our connexions, and lessen our profits rather than allow our business to pass into the hands of our newer competitors, some of whom mainly established for financial purposes, have entered upon commercial fields, as their expectations otherwise have proved illusory. Before sitting down I would call your attention to the last paragraph of the report. It is with great regret that we find ourselves unable to retain the services of our friend Mr. William Vanner, who has for so many years faithfully and intelligently filled the office of auditor. But we are fortunate in finding a gentleman of Mr. Magnus Mowat's experience willing to serve the shareholders if they so determine. He is the London partner of the well-known Bombay firm of Ritchie, Steuart & Co., he was chairman of the Chamber of Commerce there, and also president of the Bank of Bombay. It is deemed fitting at the present juncture to propose that the remuneration of each auditor should be increased from £ 75 to £ 100, and if we compare their present work with that which prevailed when the smaller sum was voted, we must acknowledge that they well deserve the small addition to their emoluments. Gentlemen, having made these few remarks, I will propose, "That the report now presented, together with the balance-sheet and profit and loss account, be approved and adopted." (Applause.)

Mr. William Paterson seconded the resolution, which was then put and carried unanimously.

The Chairman next moved, "That a dividend at the rate of 9 per cent. per annum, free of income-tax, for the half-year ended 31st December last be now declared, payable on and after the 28st inst."

Mr. Emile Levita seconded the resolution, which was unanimously agreed to.

The Chairman proposed the re-election of Sir Henry Stewart Cunningham, K.C.I.E., as a Director, which was seconded by Mr. Alexander P. Cameron, and carried.

Sir James Lyle Mackay, K.C.I.E., the other Director retiring by rotation, was also re-elected on the motion of the Chairman, seconded by Sir Alfred Dent, K.C.M.G.

Mr. Robert Harvey proposed the re-election of Mr. Maurice Nelson Girdlestone as an auditor for the ensuing year.

The motion was seconded by Mr. B. Smyth and carried.

Mr. Magnus Mowat was elected an auditor for the ensuing year in lieu of Mr. William Vanner, retired, and the remuneration of each of the auditors was increased from £ 75 to £ 100 per annum, on the motion of Mr. Harvey, seconded by Mr. Smyth.

Mr. Mowat proposed a vote of thanks to the directors and staff for their management of the affairs of the bank.

Mr. Harvey, in seconding the motion drew special attention to the valuable services of the staff both at home and abroad. He thought they might confidently expect that the bank would maintain the distinguished position it now occupied under the able management of Mr. Forrest.

The motion was unanimously adopted.

The Chairman: On behalf of myself, my colleagues, and the staff, I beg to tender you our best thanks.

The proceedings then terminated.

The Mitsui Bank.

Historical Summary.

The present Mitsui Bank, with its numerous branches, and sub-branches is the out-growth of the Mitsui Exchange Houses of by-gone days. It was in the middle of the sixteenth century, when people were unacquainted with such institutions, that they were established in Kyoto and Yedo (now Tokyo) by an ancestor of the Mitsui family. So early as 1690, another exchange house was started by him in the city of Osaka. To deal in the exchange of gold and silver to any large extent, implies the possession of great wealth; and soon these institutions came to be considered the greatest and safest depositories where merchants and others might deposit their money when they had no occasion to use it, and draw it out as they wanted it. The consequence was that it was not long before the members of the Mitsui family learnt to carry on an extensive banking business, and were vested with many honorable offices by the Emperor and the Tokugawa government. They had long enjoyed the honor of being the proprietors of the only Banking House in Japan, and as such, of rendering many important services both to the successive governments and the public, until some years after the Restoration, when in 1876, the promulgation of "the Banking Act" brought a new era to the history of Japanese banking, and the Mitsui Exchange Houses, in compliance with its provisions, were re-organized under the new firm name, "Mitsui Ginko." The Bank was again reconstituted under the new Commercial Code which came into force in 1893. For about two hundred and twenty years, since the beginning of its existence, the Bank has prospered and supported itself with honor without any interruption until it has arrived at its present state. The ample means of the Bank which it has accumulated in so long a time, the progressive modifications it has undergone in its methods of transacting business, and above all, the high and extensive credit which it has always possessed and which it continues to deserve, have given it an unrivaled influence in the money market. The Bank was also well repaid for its past services rendered to the state, as one of the present partners, Hachiroyemon Mitsui Esq., was honored with the rank of nobility a few years ago, and became Baron Hachiroyemon Mitsui.

Organization of the Bank.

The Mitsui Bank is a partnership undertaking owned by the following members of the Mitsui family, who as partners, are responsible for all the liabilities of the Bank to the whole extent of their property: —

    Baron Hachiroyemon Mitsui, Esq., Partner.
    Gennosuke Mitsui, Esq., Partner.
    Hachirojiro Mitsui, Esq., Partner.
    Morinosuke Mitsui, Esq., Partner.
    Takayasu Mitsui, Esq., Managing Partner.

The Chief Officers of the Bank are: —
    Takayasu Mitsui, Esq., President.
    Hikojiro Nakamigawa, Esq., Director.

Head Office, Branches, and Sub-Branches.

The Mitsui Bank has branches, sub-branches, and correspondents of over one hundred in number throughout the interior, Formosa and Corea.

Head Office.
No. 16, Shinyemoncho, Nihonbashi-ku, Tokyo.
Telephones H 420, H 129 and H 130.

Branches & Sub-Branches.

Akamagaseki.	Kuwana.	Otaru.
Ashikaga.	Kyoto.	Otsu.
Fukagawa	Matsuzaka.	Tsu.
(Tokyo).	Miike.	Wakayama.
Hakodate.	Nagasaki.	Yokkaichi.
Hiroshima.	Nagoya.	Yokohama.
Kobe.	Osaka.	Yokosuka.

Balance Sheet, 30th June, 1897.

Liabilities.
Dr.

To paid up Capital	2,000,000.000
" Reserve Funds	2,228,945.341
" Fixed Deposits	10,096,649.445
" Current and Petty current Accounts	11,957,027.393
" Sundry Deposits	3,769,095.522
" Nippon Ginko Accounts, Bills re-discounted, &c.	5,333,995.117
" Profit and Loss Account	434,002.577
	35,819,715.395

Assets.
Cr.

By Cash in hand	1,243,644.825
" Government and Municipal Bonds	6,965,206.442
" Stocks, Debentures, &c.	7,237,675.727
" Loans, and Advances on Sundry Securities	11,973,992.513
" Deposits and Current Accounts	676,774.465
" Bills Discounted	7,475,040.747
" Bank Premises and Furniture	247,380.676
	35,819,715.395

Business transacted by the Bank.

The Mitsui Bank transacts all kinds of Banking business of which the more important items are as follows: —

(1.) Loans granted upon Merchandise and other approved Securities.
(2.) Bills discounted or sent for Collection.
(3.) Money received on Deposit.
(4.) Current Accounts opened, and Over-drafts granted thereon.
(5.) Remittances made by Drafts, Certified Cheques, and Telegraphic Transfers.
(6.) Circular Notes issued.
(7.) Purchases and Sales of Bonds, Stocks and Bullion, effected at the usual Charges.
(8.) Safe Deposit, Exchange etc.

On Deposits.

Interest is allowed at the following rates: —

1.— On Current Accounts at $1\frac{1}{5}$ *sen* per 100 *yen*; viz: 4.38% per annum.
2.— On Petty Current Accounts at $1\frac{2}{5}$ *sen* per 100 *yen*; viz: 5.11% per annum.
3.— On Fixed Deposits for 12 months at 6% per annum.
,,   ,,   ,,   ,,   6   ,,   ,, $5\frac{1}{2}$% ,,   ,,
,,   ,,   ,,   ,,   3   ,,   ,, 5%   ,,   ,,

Sums of five yen and upwards are received by the Bank on Petty Current or Savings Deposits. Cheques cannot be drawn against this class of Deposit, each receipt and withdrawal of money being entered in the memorandum pass book furnished by the Bank. Interest is computed from the date of each deposit and allowed on daily balances. Depositors of this class are required to keep a balance of any sum above one yen should they intend to make deposits in future.

Deposits will also be received from persons living at a distance for such periods as they may direct. Money sent to the Bank will be promptly acknowledged and a certificate sent to the sender.

Notes and cheques of other banks will be received as cash, and no maximum limit is placed on the amount of any class of deposit. The Bank will also grant loans against its certificates of fixed deposit at reduced rates of interest.

Special Facilities.

The following facilities and advantages are offered by the Bank to its customers: —

1. — Parties having current accounts with the Bank can pay all Custom Duties by cheques; instead of Cash. Remittances between Tokyo, Osaka, Kyoto, Yokohama, Kobe, and Nagoya, may be made, free of any charge, by means of cheques certified at the Bank before forwarding.
2. — Rates of interest allowed on deposits by the Bank are much higher than those offered by any foreign bank.
3. — In remittances of money and in other matters, exceptional facilities are afforded to customers, as the Bank has numerous correspondents besides its own branches and sub-branches.
4. — Several new fire-proof warehouses attached to some of the branches afford excellent facilities to customers to whom advances are made on merchandise.
5. — Customers will find it a great convenience that the Bank ignores the fraction Rin in all accounts.
6. — English speaking customers will find at the Bank clerks who can converse in the English language.

Special Facilities for Travellers.

As the Mitsui Bank has Branches and Sub-Branches in all the chief cities and towns in Japan, foreigners who intend travelling through the country, will find great convenience by providing themselves with the Circular Notes issued, free of charge, by the Mitsui Bank. These Notes may be obtained by depositing any sum at any office of the Bank, giving at the same time, the names of the places at which it is desired to draw money and specimens of signature. The Bank will then issue Circular Notes bearing the names of these places; and the bearer may draw as much of his deposit as he wishes at any of them. Should a balance remain it may be afterwards obtained at the office by which the notes were issued.

Yokohama Branch
No. 21, Honcho-Nichome. Telephone No. 55.
Mumeshiro Kobayashi,
Manager.

Trust Receipt.

(Loans $\frac{and}{or}$ Overdrafts on Imports.)

.... 189

To the
Chartered Bank of India, Australia and China,

In consideration of your making to me (us) an advance by way of loan, or allowing the overdraft of my (our) current account to the extent of .... I (we) hereby hypothecate and charge to the Bank as collateral security for the due payment of the said advance or overdraft, with agreed interest and expenses the goods mentioned at foot hereof, which I (we) engage to hold as Trustee for and on behalf of the Bank, and in the event of the said goods, or any portion thereof, being sold and delivered before full payment of the said advance or overdraft, with interest and expenses, the proceeds of such sales shall be received by me (us) as Trustee for the Bank, and paid to the Bank when and as received by me (us); I (we) at the same time specially advising the Bank of the account on which such payment is made.

I (we) also undertake to keep the goods referred to fully insured against fire as against marine risks and to hand over to the Bank forthwith all amounts received from the Insurers; the Policies of Insurance being in the meantime held by me (us) as Trustee for and on behalf of the Bank.

And I (we) further undertake that the value of the goods held in trust shall at all times exceed by .... per cent. the amount for the time being owing in respect of the said advance or overdraft, and that if at any time the goods so held shall be of less than such agreed value, I (we) will forthwith hypothecate to the Bank other agreed security of sufficient value to make up the deficiency, and that on failure on my (our) part so to do, the amount of the said loan or overdraft shall be immediately claimable in full by the Bank.

And I (we) further agree that the goods shall also be a security to the Bank for the payment on demand of all other moneys which are now or shall at any time be due to the Bank from me (us), either alone or jointly with any other person or persons, either on account current or for money advanced or paid or in respect of bills, drafts or notes, accepted, paid or discounted, interest, commission, or any other usual or lawful charges, or on any other account whatsoever, together with all costs and expenses.

Yours faithfully,

PARTICULARS OF GOODS.

Description of Goods	Mark and Nos.	Value.

Trust Receipt.
(Hypothecated Shipping Documents.)

.... 189 ....

To the

Chartered Bank of India, Australia and China.
YOKOHAMA.

In Consideration of your handing to me (us) Shipping Documents for goods, as per particulars at foot, hypothecated to the Bank as collateral security for the due payment of the undermentioned draft drawn upon me (us) by

....

and accepted by me (us), I (we) hereby engage to land, store and hold the said goods as Trustee for and on behalf of the Bank, and in the event of the goods or any portion thereof being sold and delivered before full payment of the said draft the proceeds of such sales shall be received by me (us) as Trustee for the Bank, and paid to Bank when and as received I (we) at the same time specially advising the Bank of the account on which such payment is made.

I (we) also undertake to keep the goods fully insured against fire as against marine risks, and to hand over to the Bank all amounts received from the Insurers, the Policies of Insurance being in the meantime, held by me (us) as Trustee for and on behalf of the Bank.

Yours faithfully,

N.B. — All cash received for partial deliveries as above must be paid into a separate "Instalment account" with this Bank.

PARTICULARS OF DRAFT AND GOODS.

Bill No. ....

Amount of Bill	Due	Description of Goods	Mark and Nos.	Vessel	Payments to a/c.	
					Date	Amount

Halle a. S., Buchdruckerei des Waisenhauses.